基于学科核心素养的化学教学课例研究

刘翠 编著

华东师范大学出版社

前言

作为教育改革的核心领域，课程改革已成为各国实施人才竞争战略的主战场。关注学生“核心素养”的培养是目前基础教育理论研究和实践变革的重大趋势，如何在学生发展化学学科核心素养与化学课程之间建立起内在联系成为化学课程改革的重点。

2015 年教育部启动普通高中课程标准的修订工作。修订后的高中化学课程标准提出了宏观辨识与微观探析、变化观念与平衡思想、证据推理与模型认知、科学探究与创新意识和科学精神与社会责任五个维度的素养。

在新课程改革的背景下要提升学生的化学学科核心素养，需要化学教师要理解新课程改革的具体要求，不断更新自己的教育理念，丰富教育教学理论，如建构主义教育理论、人本主义学习理论等，并将教育理论与课堂教学经验相结合，完成教学设计，这样才能保证课堂教学的有效实施。因此，教师教育理念的更新和教学设计能力的提升，是提高学生化学学科核心素养的一个重要因素。

化学课程改革顺利进行需要化学教师的教育研究智慧，而教育研究智慧的生成需要化学教师面对现实问题，紧跟时代潮流，勤于思考社会热点背后的教育意义，勇于投身实践中，把化学教育研究的理论知识与教育实践有机结合起来，借鉴和思考研究课例是提升教育研究智慧的有效路径。教师在研究教学课例的过程中，通过分析教学目标、教材内容及重难点，掌握教学的各个环节，如课程的导入、问题的创设、实验的安排、结课等教学的设计，从而激发对化学核心素养的深入思考，反思自身的实践研究，发展实践能力。化学学科核心素养的实现必须以化学知识为载体，化学教师要结合教学内容，根据学生的实际情况，为发展学生核心素养创造性地开发和使用教材。同时，核心素养的落实不仅仅是对教学内容的选择和创新，更是对学习方式和教学模式的变革，通过有效的教学活动设计，达到培养化学学科核心素养的目的。

全书由两个部分构成，第一部分为关于化学学科核心素养的理论知识，系统地介绍了核心素养的理论基础、核心内容及其作用于真实课堂的相关探讨。第二部分为实践知识，分别从化学基本概念教学、化学基础原理教学、元素化合物知识教学、实验探究教学、数字化工具教学和复习课教学六个方面，围绕化学学科核心素养选取二十个优秀中学教师的教学设计课例。这些课例是一线教师基于核心素养的理念下开展的教学探索，以期与广大化学教育的同仁们、一线教师及化学教育专业的学生共享。

本书由江苏师范大学统一组织编写，是集体智慧的结晶。参加编写工作的有：王洁（江苏师范大学化学与材料科学学院）、王佳佳（江苏省南菁高级中学）、朱洪（睢宁县第一中学）、朱成立（徐州市铜山中学）、许大雨（江苏师范大学附属实验学校）、许甘泉（兴化市第一中学）、许丽永（新沂市第一中学）、刘翠（江苏师范大学教师教育学院）、刘冠军（新沂市高级中学）、乔潇潇（徐州市铜山中学）、张宇（睢宁高级中学）、张艳（睢宁县第一中学）、张道启（徐州市铜山中学）、宗汉（兴化市楚水实验学校）、法浩（徐州高级中学）、杨芙蓉（徐州市铜山中学）、姚彦川（邳州市议堂中学）、徐丹丹（徐州市科技中学）、郝蓓（徐州高级中学）、韩雪松（河北南宫中学）、韩莹莹（江苏师范大学化学与材料科学学院）。

本书在撰写的过程中，参考和引用了一些国内研究者的专著、文章和研究报告，在此谨表衷心的感谢。本研究只是对提高中学生化学学科核心素养在教学设计方面的一个初步研究，很多问题还需更深入的探讨。由于编者水平有限，书中所述难免有各种疏漏和值得商榷之处，恳请各位专家和读者批评指正。

编者

2019 年 3 月

目录

理论篇

实践篇

理 论 篇

第 1 章　化学学科核心素养与化学课堂教学

"核心素养"一词最早来源于经济合作与发展组织、欧盟、联合国教科文等国际组织，在 20 世纪中后期为增强自己国家的竞争力提出的培养人才的关键词①。早在 1943 年科南特就提出相似的观点，并针对哈佛大学课程改革提出通识教育与专业教育不能对立起来，一方面通识教育要着力培养学生有效思考的能力、沟通能力、能够做出适当判断的能力和对价值的认知能力；另一方面要避免把学生培养成为"万金油"，还需要掌握精深的专业知识。随后，我国紧随潮流适应国际教育形式，也开始着手研究学生的核心素养。最早是 2012 年，台湾学者蔡清田在中国社会科学报上发表《"核心素养"：新课改目标来源》，第一次阐述核心素养的内涵②。2012 年到 2014 年，国内学者开始关注核心素养的研究，成果也渐渐丰富起来。其实，我国多年来推出的综合素质评价（素质教育）与核心素养有许多相似之处，但还是不如核心素养的内在含义更为深刻广泛，更加符合我国目前基础教育改革。

核心素养是指学生在接受相应学段教育的过程中，逐步形成的适应个人终身发展和社会发展所需要的必备品格与关键能力，可以分为一般性核心素养和学科核心素养。一般性核心素养及其培养目标是所有学科教学需要渗透的内容，但是不同学科在渗透一般性核心素养的方式方法等方面存在不同，如品德与社会、语文等课程在渗透

① 王烨晖，辛涛. 国际学生核心素养构建模式的启示[J]. 中小学管理，2015(9)：22—24.

② 蔡清田. 台湾十二年国民基本教育课程改革的核心素养[J]. 上海教育科研，2015(4)：5—9.

社会主义核心价值观教育中所起的作用不同于数学、科学等课程；在信息素养、科技应用能力等一般性核心素养培养上，科学课程具有更大的课程资源优势①。化学课程隶属于科学课程，因此除了融入一般素养以外，更应侧重于化学核心概念、化学方法及学习能力的培养，即化学学科核心素养的培养。

化学学科核心素养主要是学校化学课程与教学要研究的问题，应以学校教育为主体，并融合校外教育，即使向校外延伸，也应纳入学校主体教育目标之下进行顶层设计。高中生的化学核心素养一般包括“宏微结合”“分类表征”“变化守恒”“模型认知”“实验探究”“绿色应用”等要素。化学学科核心素养是学生必备的科学素养，是学生终身学习和发展的重要基础，是知识与能力、过程与方法、情感态度与价值观的有机整合与生长，是作为合格公民最重要的素养之一。

一、化学学科核心素养理论基础

马克思主义关于人的全面发展学说可作为重要理论，指导我们深入理解化学核心素养。马克思提出人的全面发展并非是个别人的美好理想、主观期望，而是一种生产发展的普遍规律的自然历史过程。全面发展的人，是在智力和体力两方面获得全面、充分发展的人，是在生产中能够全面发挥各方面才能的人。

以往，“素质教育”对于学生全面发展的内容结构缺少系统深入的揭示，仅停留在一般性地以德智体美等方面的发展作为全面发展的内容。这种对素质结构的理解比较抽象、笼统，也没有反映时代发展对于学生发展提出的新要求。党的十九大提出“要全面贯彻党的方针，落实立德树人根本任务，发展素质教育，推进教育公平，培养德智体美全面发展的社会主义建设者和接班人”。从根本上讲，学生发展核心素养是教育方针的具体化和细化，是对培养目标的整体描述，是课程教材建设、教学改革的依据。“中国学生发展核心素养”的研究相比于“素质教育”最大的突破是运用国际比较、实证调查等科学方法，对新时期学生全面发展的素养结构进行了专门的研究，并建构了具

---

① 赵长林，孙海生，陈国华. 核心素养的结构和社会文化性分析[J]. 湖南师范大学教育科学学报，2016(5)：12—19.

有中国特色、体现时代需求、比较系统完整的素养结构体系①。

著名的德国哲学家黑格尔说过："我们对历史最初的一瞥，便使我们深信人类的行动都发生于他们的需要、他们的热情、他们的兴趣、他们的个性和才能"，"当然，这类需要、热情和兴趣，便是一切行动的唯一源泉"。他认为，"假如没有热情，世界上一切伟大的事业都不会成功。因此有两个因素就成为我们考察的对象：第一是那个'观念'，第二是人类的热情，这两者交织成世界历史的经纬线"②。其中的"观念"是指理性的自由本性，既是最初的目的，又是最后的目的即结果；其中的"热情"是指由于需要而引起的人类活动③。"这里好比一个三段论式，活动是它的中间名词，它的一端是普遍的东西，就是'观念'，它休息在'精神'的内部；另一端就是一般的'外在性'，就是客观的物质。活动是中心，普遍的、内在的东西从而过渡到'客观性'的领域。""观念"和"物质"通过"活动"的中介，特别是工具的作用实现相互转化。由此可以推定，要确定化学素养的具体内容，除了要考察化学活动的特点，还应该考察作为主体的人的观念、需要、活动等。

学科核心素养是指学科教育给予学生未来发展所需要的关键能力、必备品格和价值观念。其实质是学生顺利完成学习理解、应用实践和迁移创新的学科认识活动和问题解决活动的稳定心理调节机制，尤其是在解决复杂的、不确定性的现实问题，即进行迁移创新类能力活动过程中表现出来的综合品质和能力④。作为一个中介性的概念，"化学学科核心素养"一方面需要从育人角度出发，把"中国学生发展核心素养"具体化；另一方面需要从学科特征出发，突出化学学科独特的育人价值。化学学科核心素养是学生综合素质的具体体现，反映了社会主义核心价值观下化学学科育人的基本要求，全面展示了化学课程学习对学生未来形成正确的价值观念、必备品格和关键能力的重要价值。

学科核心素养的形成是需要一定基础的。吴俊明教授曾经指出：观念是人对于

---

① 陈佑清."核心素养"研究：新意及意义何在？——基于与"素质教育"比较的分析[J].课程·教材·教法，2016(12)：3—8.

② 黑格尔.历史哲学[M].北京：商务印书馆，1980.

③ 修毅.人的活动的哲学[M].北京：中国大百科全书出版社，1994.

④ 王磊.基于学生核心素养的化学学科能力研究[M].北京：北京师范大学出版社，2017.

事物或者事物某些方面（问题）概括性的、总结性的、综合性的认识（见解、看法），是人在对事物感性认识基础上进行分析、概括、抽象、整合和辩证等思考活动的产物。对必备品格的认识是形成必备品格的基础，情感、意志是必备品格得以实现和坚持的内驱动力，行为则是品格的体现。能力跟知识及其概括有关：由陈述性知识可以产生活动的程序性知识、确定特定的活动方式，按照这种方式进行活动，达到掌握、熟练程度后逐步内化、概括化和个性化，外部控制和内部意识的作用显著隐化、弱化之后，即可形成能力。敏捷地形成有效的活动策略是上述内化、概括化和个性化过程的重要内容和标志。有关的知识是形成学科核心素养的必要基础。除此之外，有关的活动技能也是形成学科核心素养的必要基础，因为活动需要技能，活动是形成和发展学科核心素养的关键，没有活动技能就难以形成学科核心素养。这里所说的活动包括认知活动、情感活动、言语活动、社会交往活动和实践活动①。

二、化学学科核心素养解读

学科课程与学生核心素养的发展息息相关。在建立核心素养与学科课程的内在联系，充分发掘各学科课程对于落实立德树人的根本任务和独特的育人价值后，凝练形成了化学学科核心素养。普通高中化学课程标准（2017）将化学学科核心素养界定为：高中学生发展核心素养的重要组成部分，是学生综合素质的具体体现，反映了社会主义核心价值观下化学学科育人的基本要求，全面展现了化学课程学习对学生未来发展的重要价值。立足于学生适应现代生活和未来发展的需要，充分发挥化学课程的整体育人功能，构建全面发展学生化学学科核心素养的高中化学课程目标体系。

教育部组织高中化学学科专家对高中化学学科核心素养进行了研究，提出用五个维度来概括和表述高中化学学科核心素养，这五个维度的素养以高中生的化学学习过程为基础，虽侧重点各有不同，但却相互配合，相互补充。“宏观辨识与微观探析”“变化观念与平衡思想”“证据推理与模型认知”这三个维度体现了化学学科特质的思想与

① 吴俊明．从化学素养说起——对“化学学科核心素养”与“学科核心素养”的思考［J］．化学教学，2017(7)：3—8.

方法;“科学探究与创新意识”则从实践层面鼓励学生创新;而“科学精神与社会责任”对化学学习更高层面的价值追求做出了进一步揭示。这些素养综合了化学知识学习的各个方面,包括技能的学习、化学思想观念的建构、科学探究与解决问题能力的发展、创新意识和社会责任感的形成等,一套完整的化学学科核心素养体系由此构建完成①。

吴星教授系统分析了高中化学核心素养各维度的关系,如图 1.1 所示。“科学探究和创新意识”处于化学核心素养的中心位置。“宏观辨识与微观探析”“变化观念与平衡思想”既以化学科学探究为载体,又是化学科学探究的研究内容和思维视角,“证据推理与模型认知”是化学科学探究形成结论的思维方法,“科学精神与社会责任”是化学科学探究在情感态度和价值观维度的重要成果。

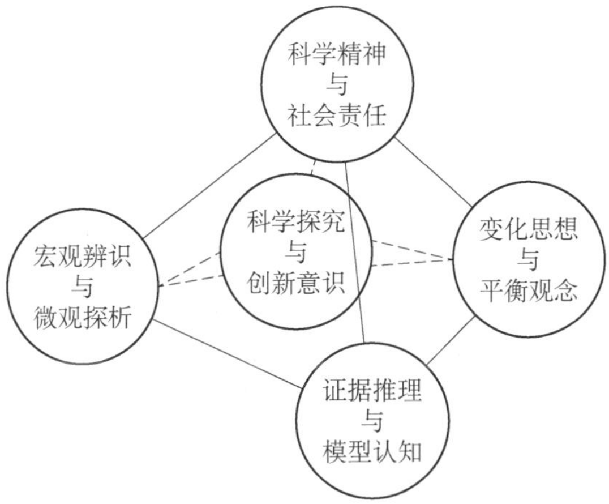

图 1.1　化学核心素养要素结构

(一) 宏观辨识与微观探析

“宏观辨识与微观探析”从分子、原子层次对物质结构、性质、能量转变等及其相互关系的基本认识,既是化学学科重要的观念,又是化学问题解决的思维视角。通过高中化学课程的学习,要求学生能从不同层次认识物质的多样性,并对物质进行分类;能

① 田达奎. 学科核心素养视角下高中化学教学策略[J]. 华夏教师,2018(13): 43—44.

从元素和原子、分子水平认识物质的组成、结构、性质和变化，形成“结构决定性质”的观念；能从宏观和微观相结合的视角分析与解决实际问题。学生能通过观察、辨识一定条件下物质及其变化的宏观现象，并能运用化学符号表征物质及其变化。

（二）变化观念与平衡思想

“变化观念与平衡思想”是对物质发展化学变化的条件、方向、限度和变化规律等及其相互关系的基本认识，既是化学学科重要的观念，又是化学问题解决的思维视角。通过高中化学课程的学习，要求学生能认识物质是不停运动变化的，化学变化是有条件的、可控制的，并遵循一定规律；认识化学变化的本质特征是有新物质生成，能形成化学变化中元素守恒和能量转化守恒的观念；认识化学变化有一定限度、速率，是可以调控的；能多角度、动态地分析化学变化，运用化学反应原理解决简单的实际问题。

（三）证据推理与模型认知

“证据推理与模型认知”是化学对物质及其变化的认识方式，是基于观察和实验等方法获取物质及其变化的事实，进行分析推理、抽象概括、建构模型以揭示化学变化及其规律的过程，是运用证据推理和模型化思想解决相关化学问题的能力和品质。通过高中化学课程的学习，要求学生具有证据意识，能通过观察和实验收集物质及其变化的证据，对物质组成、结构及其变化提出可能的假设，基于证据进行分析推理加以证实或证伪形成结论；能解释观点、证据与结论之间的逻辑关系，确定形成科学结论所需要的证据和寻找证据的途径；知道可以通过分析、推理等方法认识研究对象的本质特征、构成要素及其相互关系；能依据物质及其变化的信息进行抽象概括并建构认知模型，用模型思想认识物质及其变化的一般规律。

（四）科学探究与创新意识

“科学探究与创新意识”是指提出化学问题，形成猜想和假设，获取和处理信息，基于证据推理得出结论并做出解释，对科学探究过程和结果进行交流、评估、反思的能力；是指能尊重事实和证据，独立思考，敢于质疑和批判不同观点和结论，提出创造性见解的品质。通过高中化学课程的学习，学生应具有科学探究意识，认识科学探究是进行科学解释和发现、创造和应用的科学实践活动；能发现和提出有探究价值的化学问题，提出合理猜测与假设；能依据探究目的设计并优化实验方案，运用化学实验、调查等方法进行实验探究；具有分析、处理信息，描述、解释实验探究结果的能力；具有合作与交流的意愿与能力，能对实验探究的过程与结果进行质疑、批判、评估和反思。

（五）科学精神与社会责任

"科学精神与社会责任"是指在认识化学科学本质和化学科学的价值，理解科学、技术、社会、环境（STSE）关系的基础上，逐渐形成的对化学科学技术应有的科学精神和社会责任感。通过高中阶段的学习，要求学生具有安全意识和严谨的科学态度，具有探索未知、崇尚真理的意识；深刻认识化学对创造更多物质财富和精神财富、满足人民日益增长的美好生活需要的重大贡献；关注与化学有关的社会热点问题，积极参与与化学有关的社会实践活动；深刻理解化学、技术、社会和环境之间的相互关系，致力于应用化学科学技术促进社会的发展，勇于承担和分析化学过程对人类社会可能带来的各种影响的责任，形成可持续发展的观念①。

化学学科核心素养与三维目标的关系：化学学科核心素养是从化学学科角度，为了促进学生终身发展、科学生活和适应社会需求而提出的，是由化学课程抽提而成的学科必备品质与关键能力，它比三维目标更加具体化、功能化和整合化，把学科本质、特有价值的内涵外显了一些。它将化学知识与技能的学习、化学思想观念的建构、科学探究与问题解决能力的发展、创新意识和社会责任感的形成等多方面的要求融为一体，体现了化学课程在帮助学生形成未来发展需要的正确价值观念、必备品格和关键能力中所发挥的重要作用。

李鹏鸽等认为核心素养与三维目标有着高度的内部一致性，核心素养是对三维目标的发展和超越，它是为进一步深化教育改革，从以学科内容为本的教育向真正以人为本的教育转变而提出的。化学学科核心素养与三维目标相比较，具有更加明确的学科内涵，更加反映化学学科本质和育人价值，化学核心素养的五个方面是学科素养的具体构成要素，三维目标是对学生每种素养三个维度的教学要求，核心素养是三维目

① 吴星. 对高中化学核心素养的认识[J]. 化学教学，2017(5)：3—7.

标的整合与提升①。

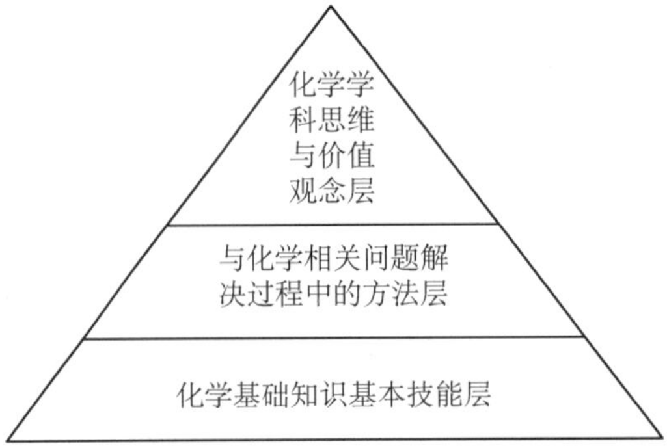

图 1.2　化学学科核心素养的三层架构图

三、化学学科核心素养教育理念作用于真实课堂的探讨

（一）化学教学设计原则

“核心素养”不是直接由教师教出来的，而是在问题情境中借助问题解决的实践培育起来的。比如，语文的阅读能力和写作能力不是靠语文教师教出来的，而是在阅读实践与写作实践中培育起来的。因此，与其直接训练思维能力与社会能力之类的素养与能力，不如优先设定有助于自发地产生思维与沟通互动的课题及其情境的设计。“运用知识”“创新知识”——这些现代社会期许的高阶认知能力的培育是同跨学科、超学科的综合实践活动之类的课程相关的。

钟启泉教授认为传统的学校教育专注于儿童的知识技能的机械训练，而未能经历可信可靠的“真正的学习”就从学校毕业了。然而，运用知识、创新知识的能力是难以借助教学训练来获得的。学习者的这种实力是在需要尝试、需要思维与沟通的必然性的某种问题境脉中通过合作性的“协同学习”才能培育起来，比较、类推之类的诸多普遍性的思维能力，唯有经历了反思性思维之际自然产生的过程，才能提炼出来。培育

① 李鹏鸽，夏志卿，龚文慧，等. 化学学科核心素养与三维目标的关系研究[J]. 教学研究，2018(3)：112—114.

思维能力重要点在于，如何才能创造“引发思考的情境和深入思考的必然性”。思维能力唯有当思维活动产生之际，学习者才能作为一种经验，得以感悟。换言之，唯有通过“真正的学习”，该领域的知识内容及其思考力乃至寻求该领域的“本质”（真、善、美）的态度，才能一体化地培育起来[①]。

在教学设计中我们应本着教学情境生活化，知识体系结构化，学习方法科学化，学习活动实践化，教学媒体数字化的理念，使学生学有所得，真正地提升化学学科核心素养。

1. 教学内容：生活化

基于核心素养的单元教学设计不仅要整合三维目标和化学知识，还要通过课堂的学习活动提升学生素养，使其成为健全的公民。素养的形成需要学生在真实生活情境中学习并运用相关的知识、技能，而不仅仅是聚焦于单一的某个学科主题内容中，应设计或整合生活化的学习情景，设计具有认知、技能与情意等面向学生的学习内容并加以实践。如何做到这一点，苏霍姆林斯基的话可以给我们一定的启发。他提出：应该让知识“变成精神生活的因素，吸引人的思想，激发人的兴趣和热情”[②]。也就是说，化学教学设计不仅仅需要关注学生在本单元或本节课应该学习哪些知识，更重要的是要关注通过学习，他们对知识产生了多大程度的兴趣，有没有感受到知识的魅力。

化学知识的魅力之一，学生学习兴趣的重要源泉，便是与学习者的生活情境整合后的化学知识。倘若学习的问题游离于日常生活，学习者就不会感觉到问题解决的现实感。没有了现实感，就不可能有全面发动自身的力量，全身心地投入到问题解决中的激情。化学教学设计强调如何将化学知识迁移和应用到实际的生活情境中，这种教学设计理念所强调的是培养学生能够去做事、具有解决实际问题的能力而非只是完成技术性的实验操作或答对书面测验，即更重视学习内容与学习者的生活情境进行统整的重要性。

2. 教学活动：实践化

当今国际教育界重视“核心素养”，重要的原因是“核心素养”是真实的学习能力，

---

① 钟启泉. 基于核心素养的课程发展：挑战与课题[J]. 全球教育展望，2016(1)：3—25.

② 苏霍姆林斯基. 给教师的建议[M]. 杜殿坤，译. 北京：教育科学出版社，1984.

也是必须具备的品格和关键能力。真实的学习能力，需要开展真实的实践活动。真实的实践活动是开放性课题，结局自然也是开放性的。实践过程中，教师发挥的作用不是“教”，而是促进对话的提问与有意义的指导与协商，得出结论之前给予充分的时间思考采用哪些途径和方法解决问题。而这些策略途径与方法的应用前提是对基础知识的理解和基本技能的形成，即达到化学学科核心素养的一级水平——知识理解水平，这也是核心素养生成的前提和条件。

教科书的问题大多是碎片化了的知识。要产生知识的融合，重要的是通过教学设计呈现一系列综合实践活动。在应对综合问题的过程中，学生会发现习得化学知识的重要性。实践活动中涉及到的具体的解决问题的策略和方法，以及形成的解决问题的能力则属于化学学科核心素养的二级水平——知识迁移水平。在具体的实践过程中，学生如果能够超越化学课本规定内容的知识，创造性的运用化学知识与方法解决问题或者在实践过程中发现了新的问题，都有利于学生形成化学思维，即达到化学学科核心素养的三级水平——知识创新水平。可见，真实的实践活动是落实核心素养的关键因素。

3. 教学媒介：数字化

融入数字化单元教学设计为学习者提供了适应其个性化成长和发展需求的学习环境。数字化的教学媒介主要包括：网络学习空间的创建和数字实验室的建设。其中网络学习空间包括化学学习资源和学习支持服务。化学学习资源既包括教师提供给学生的学习材料，如课件、讲稿、教学视频、练习题、测试题等，又包括师生发布的博文、论坛帖子、书签资源等。化学学习资源作为网络环境中学习内容的载体，能为学生提供重要的“有机养料”。学习支持服务包括教师答疑、学生之间的交流、网络测评、情感交流等。

数字化实验技术，由传感器和计算机作为主要仪器，可以与常规化学仪器组合，完成许多在传统实验中无法完成的化学实验。数字化实验旨在通过现代技术把现象和反应微观变化过程体现出来，帮助学生理解化学反应，加深对化学反应原理、本质的理解，同时提升学生的技术意识。数字化实验技术极大地拓展了化学实验的空间，提高了实验的便捷性、可行性、精确性。数字化实验室使学生在更广范围内、更高层次上从事探究活动，体会科学研究的方法，体验超乎想象的惊讶，享受解决问题的喜悦。融入数字化教学设计既为学生提供高层次的研究平台，又为学生提供发展综合能力和展示实际解决问题能力的舞台。

4. 教学空间：开放化

教学设计应具有开放性和灵活性。课程目标在探究过程中可以根据社会变化、学生背景、社区情况等不断地予以调整。课程的组织不再局限于化学学科界限，可适当渗透跨学科的学习内容。教学设计的开放性还体现在学习过程上。学生既可以在校内又可以在校外，既可以在线下，也可以线上获取化学知识和专业技能。这样的学习打破了课堂的局限，充分解放学生的个性，促进学生专业能力的提升。

“素养为本”化学教学设计应树立整体观，注重基于化学学科主题的整体设计，而不应只局限于局部（如课时教学内容）进行标签式的教学设计。

（二）化学学科主题的确定及内容设计

所谓化学学科主题是指能够统摄一类化学知识的化学学科核心概念或化学学科思想与观念。如“离子反应”主题，它是对“电解质”“电离”“电离方程式”“离子反应发生的条件”“离子反应的实质”和“离子方程式”等化学知识所共同具有的化学学科属性的反映，具有统摄性。化学学科主题既可以包括一个或几个化学核心概念，也可以是化学学科思想或观念。

基于化学学科主题的教学，可以充分发挥化学核心概念的统摄作用，使学生的化学学习由散点变成结构化，形成从“基本概念”到“核心概念”再到“学科大概念”（学科思想或观念）的层级清晰的知识结构，实现化学知识的“功能化”和“素养化”。化学学科主题确定的过程实质上就是对化学知识的素养发展价值及其所蕴含的学科思想观念的梳理、抽提和概括的过程。因此，教师在教学中应树立“主题式教学”的思想，从整体上设计学生化学学科核心素养的发展进阶。

化学学科主题的素养发展设计化学学科主题是具有共同学科属性的一类化学知识的整体，因而具有相对完整性，能够形成一个从基本概念到核心概念再到学科大概念的相对完整的体系结构。正是这一特点，使得化学学科主题成为全面发展学生化学学科核心素养的基本结构单元。因此，教师应善于基于学科主题对学生化学学科核心素养的发展进行整体设计。

例如,“典型金属及其化合物的性质”主题。该主题可选取 Na 和 Fe 作为典型金属,分别从“物质类别”(如金属单质、金属氧化物、碱和盐)及“元素价态”(如 Fe^{2+}, Fe^{3+})的视角探究它们的性质。这一主题的素养发展价值体现在以下几个方面:

(1) 认识金属及其化合物的性质,进一步拓展和丰富“宏观辨识”素养的内涵;

(2) 梳理、总结和概括金属及其化合物性质变化的一般规律,形成研究金属及其化合物性质的一般认识模型,进一步发展“证据推理与模型认知”素养;

(3) 感受金属及其化合物在日常生活和工农业生产中的绿色应用,体现化学科学的社会责任①。

(三) 化学作业设计的原则及形式②

1. 作业设计的原则。(1)有效性原则。作业设计对应学习目标,优选核心内容,有效帮助学生在短期内提高学习效率,收获能举一反三的知识延展,体验理论与实践的融合。(2)层次性原则。为满足不同类型学生的学习需求,对作业进行不同梯度与不同层次的设置。层次性的作业需要尊重学生的学习风格、学习优势等,设计多用类型、难度进阶的作业,促使知识点由浅入深地呈现出来,最大限度地调动学生积极性,并符合学生心理发展的要求。(3)探究性原则。探究性的作业可以简单划分为知识探究型、小组合作式、实验探究型等。探究性作业的实施有助于学生掌握“发现-分析-解决”问题的探究能力,提升实验探究与创新素养。(4)多元性原则。多元性的作业需要保持作业设计的弹性与多样性,实现作业途径的多元化,为各个不同层次的学生提供学习学科知识的适宜条件,满足学生求知。

2. 作业设计的策略。(1)在作业内容设计环节中融合化学学科核心素养理念,以发展学生核心素养为主旨,以化学课程标准为导向,以化学教科书为基础,精选化学学科核心知识,精选具有时代性的生活素材,设计满足学生多元化发展需求的系列作业,促成“教-学-评”一体化发展。(2)在作业形式设计环节中融合“多元化”理念,以作业内容为知识载体,紧密结合学生实际情况,重视作业形式的多样性,重视情境与问题解

① 郑长龙,孙佳林.“素养为本”的化学课堂教学的设计与实施[J]. 课程·教材·教法,2018(4):71—78.

② 莫秀庆,谭学才. 化学系列作业的优化设计与评价创新[J]. 教学与管理,2018(9):65—68.

决的整体性，重视作业的教学功能，鼓励开展探究型作业，促进学生学习方式的转变。作业形式包括：小组合作探究、生活现象观察、问卷调查、模型制作、口头问答、游戏、精选习题、知识归类型等。

（四）化学教学效果评价及反馈工具

多元交互式评价体系结构完整、方式多样、标准明确、过程扎实，是化学教学设计的反馈工具①。“多元交互式”化学教学评价体系是依据核心素养构成要素与教学观察，对化学单元学习过程及成效进行交互共建的结构化评价系统。其中“多元”指评价主体、内容、方式是多样的；“交互”指评价者与评价对象、教学过程与结果、师生之间的互动交往，形成评价目标、评价主体与评价方式密切结合、相辅相成的关系，实现“教-学-评”一体化。

“多元交互式”化学教学评价目标体现化学学科核心素养，评价主体多元化，评价内容标准化，评价过程互动化、评价结果生成性等特征。化学教学评价除了传统的检查和筛选功能以外，更重要的是具有反馈调节学生学习活动、展示学习成果，激励学生不断进步，记录学生成长过程，积极引导学生开展有效的学习活动等功能。化学教学评价可采用教学观察工具收集证据而进行实时跟踪，是多元主体协商共建、良性互动的过程。

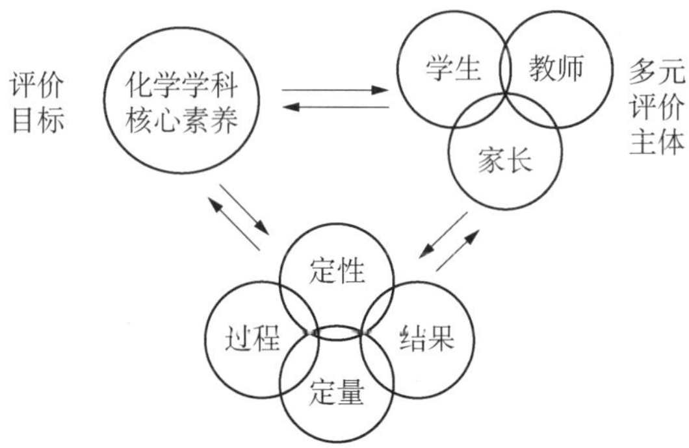

图 1.3　多元交互式评价内涵

① 朱雪梅. “多元交互式”教学评价体系的建构与实践——基于地理教学观察的行动研究[J]. 课程 · 教材 · 教法，2014(11)：63—68.

“多元交互式”化学教学评价可充分利用传统手段与数字化平台完成评价活动，可采用三种方式：其一，利用互联网创建化学教学设计评价网络平台，记录学生网络学习表现；其二，设计与整理学生学业成绩观察表，包括学生化学探究学习行为观察表、单元学习测评表、学生档案袋评价表等；其三，设计与整理课堂教学行为观察表，包括化学课堂师生交往行为观察表、提问及回答行为观察表、学生习得性评价调查表、教学自我反思评价表等。

“多元交互式”化学教学评价既包括即时课堂教学评价，也包括阶段课堂教学评价（即单元教学评价）。即时整体性课堂教学评价是针对一个化学单元中的某一课时的课堂教学状况的观察、评估，强调基于核心素养对教学设计、教学过程、教学反思等进行整体性评价。阶段课堂教学评价是指在某一单元结束时对化学课堂教学质量进行全面系统的评价。

发展核心素养的课程更关注元素的整合，要特别注意多维整合。一方面，要将知识内容、活动设计进行整合，将知识、能力与态度的教育进行整合；另一方面，要从整个高中教育的视角去看化学课程。教育的目的，是让学生学会认知、学会做事、学会共处、学会做人（发展）、学会改变。高中化学课程内容的变革，应该也可以为学生的终身发展提供更丰富的“营养”：让学生既学习知识又经历知而识之的过程，并在知而识之的过程中学会认知和合作共处；内化的知识、能力与态度可以迁移运用于生存和发展；绿色化学思想可以迁移到生活中的平等合作、和谐共处；系统论思想、进化思想可迁移为对开放交流、发展、改变的深刻认同。

实践篇

概　述

基于化学核心素养的教学，具体来说就是教学目标源于化学学科核心素养、教学内容基于真实情境、教学过程的实施（教学方法）有利于素养的内化，关注“教、学、评”一致性，有效开展化学日常学习评价，促进学生化学学科核心素养的提升①。其具体特征如下：

创设情境，问题启发。基于核心素养的教学要求教师为学生创设“未知”的、“原始”的、“实际”的问题情境，并以此为主线，将整个教学内容融合其中，激发、推动、维持、强化和调整学生的认知活动、情感活动和实践活动等，让学生的思维不断走向深入，建构有意义的知识体系②。

实验探究，证据推理。教师通过创新演示实验或学生实验，让化学学科核心素养落地生根。在实验的过程中，学生能够运用证据推理和模型化思想解决相关化学问题，认识事物变化的一般规律，提升观察能力和问题解决能力。

层次递进，宏微结合。从宏观和微观的角度出发，围绕“提出问题→分析问题→设计方案→解决问题→分析归纳”的研究步骤进行课堂探究活动。让学生从不同层次认识物质的多样性，从微观探析结构出发到宏观实验验证猜想，逐步形成“结构决定性质”的观念，能从宏观和微观相结合的视角分析与解决实际问题。

---

① 中华人民共和国教育部制定. 普通高中化学课程标准[S]. 北京：人民教育出版社，2018.

② 王星乔，滕瑛巧，汪纪苗，包朝龙. 基于化学核心素养的教学设计——以“铁及其化合物的应用”为例[J]. 化学教学，2017(5)：51—55.

贴近生活，揭示价值。在教学过程中紧密联系生产生活实际，使学生认识化学与生活生产密切相关、化学对社会发展的重大贡献。在理解科学、技术、社会、环境（STSE）关系的基础上，培养学生的科学精神与社会责任感。

综合以上特征，围绕“宏观辨识与微观探析”“变化观念与平衡思想”“证据推理与模型认知”“科学探究与创新意识”与“科学精神与社会责任”五个化学学科核心素养，编者分别从化学基本概念教学、化学基础原理教学、元素化合物知识教学、实验探究教学、数字化工具教学和复习课教学六个角度选取了以下优秀教师的教学设计课例。这些课例的教学设计完整，教学主线明确，环节清晰，情境使用得当，在教学的过程中以学生为中心，以问题为导引，以实验为媒介，是值得借鉴和学习的。

第2章　化学基本概念教学课例

化学概念教学是化学教学中至关重要的一项内容，化学概念的学习也是学生建构化学知识体系、形成良好化学观念的必由之路。

基础概念的形成需要在教师的具体指导下，通过实验、观察以及对物质变化现象的分析，在感性认识的基础上，经过抽象、概括才能形成[①]。正如刘知新教授所言，物质的性质、变化、实验等方面概念的形成以观察物质及其变化的现象为主；物质结构方面概念的形成以启发式讲述和运用直观教具为主；化学用语、化学计算等方面概念的形成以练习、讨论等实践活动为主。

教师在设计概念教学时，可参考以下内容[②]：

(1) 重视学生的前概念与先拥知识。前概念(又称为日常概念)是指学生在进行化学教育之前或在化学学习过程中，通过观察、体会产生对各种化学现象与化学事实的认识，这些认识大多是非本质的，属于自己的主观臆测[③]。教师应该在教学设计的过程中做好学情分析，利用前概念中的错误认知，设计认知冲突，帮助学生内化新知。

(2) 加强概念之间的深度关联。学生头脑中的知识被高度结构化，更易于将短时记忆转化为长时记忆并合理应用。在概念学习中，概念之间的适度关联有利于形成结

① 林美凤. 化学基本概念教学[J]. 中学化学教学参考，2010(5)：30—32.

② 吴晗清，韩蓉. 中学化学概念教学的症结与策略探析——基于“电解质”概念教学的实证研究[J]. 化学教育，2019(3)：70—74.

③ 王祖浩. 化学教育心理学[M]. 南宁：广西教育出版社，2007.

构化的知识，并有利于学生长时记忆。概念图是常用的学习工具之一，能够帮助学生将所学概念建立联系，加深对概念的理解和记忆。因此，在教学过程中教师应该引导学生明确概念与概念之间的逻辑关系，形成清晰的概念网络图。

(3) 关注概念的发展历程。化学概念的历史发展过程符合学生的思维过程。学生充分了解概念的发展史，研究化学概念的生成过程，有利于循序渐进地去感受概念从无到有的过程，深入地理解概念的含义。

课例 1　分散系及其分类

韩雪松(河北南宫中学)

一、教学内容分析和设计思路

1. 教材分析

“分散系及其分类”是人教版化学 1(必修)第二章第一节第二课时的内容。在教材顺序上，第二章《化学物质及其变化》被安排在元素化合物内容之前，因为本章内容是学习元素化合物知识的重要理论工具。第一节《物质的分类》是用分类的思想来认识化学物质，分类是化学学习和研究中常用的一种科学方法，是今后进行高中化学学习的工具和手段，因此，教学中要重点突出分类这一学科思想。

“分散系及其分类”是在第一课时所学分类基本方法及纯净物分类的基础上，对混合物的深入学习。内容包括：分散系的概念，从分散质、分散剂状态(宏观角度)和从分散质粒子大小(微观角度)两个方面对分散系进行分类，重点是理解胶体的性质与溶液、浊液有区别的本质原因是分散质粒子大小不同，即从微观角度理解物质的聚集状态与宏观性质间的关系。

2. 学情分析

学生已学习了物质分类的基本方法，并有对纯净物分类的经验，未对混合物做过深入了解；已知道溶液、浊液，但没有从微观角度理解它们的不同；已有树林中的丁达尔效应等生活经验，但不知其本质原因；知道宏观现象是微粒变化的结果，但不能主动从微观角度解释宏观现象。所以本节课在学生已有知识、生活经验的基础上，从分类的角度学习分散系，培养学生从微观角度理解宏观性质的意识。

3. 设计思路

基于以上理解，本节课从研究混合物分类入手，引入分散系的概念并对其分类，通过实验制备溶液、胶体、浊液三种分散系，先引导学生从微观角度猜测其分散质粒子大小，再通过宏观实验验证，在实验中得出分散系的分类依据并建构胶体的概念。通过制备 NaCl 溶胶的探究性实验让学生深入认识三种分散系之间的联系和转化，渗透变化观的学科思想。最后，通过探究实验、微课和课后作业引导学生应用所学知识，关注胶体在生产生活中的应用，提升其科学精神与社会责任。

二、教学与评价目标

1. 教学目标

知识与技能：了解分散系的含义和分类；知道胶体是一种分散系，理解胶体与溶液、浊液的本质区别；认识胶体的丁达尔效应。

过程与方法：运用观察、实验等多种手段提升获取信息、分析信息、加工信息的能力；通过系列实验探究活动及反思，建立宏观与微观的联系，初步建立从微观角度理解、解释宏观性质的意识；通过小组实验、讨论，提高合作学习的意识及能力。

情感态度与价值观：通过对分散系进行分类，认识分类思想对化学学习及生产生活的指导意义；通过了解胶体化学的应用与纳米科技，体会化学的价值，激发学习兴趣。

2. 评价目标

本节课是人教版化学 1(必修)第二章第一节的内容，其化学学科核心素养发展水平定为水平 2(理解水平)，即面对新的简单情境，能够运用多个化学知识、技能、观念和方法理解结构适中的问题。

(1) 通过对分散系分类的思考与讨论，诊断并发展学生对物质分类的能力，发展学生用分类方法研究物质性质的意识。

(2) 通过实验探究分散质微粒大小，诊断并发展学生的实验设计、探究能力，发展学生证据推理的能力。

(3) 通过分析物质不同聚集状态呈现的不同性质，诊断并发展学生的问题意识、科学精神。

(4) 通过实验制备 NaCl 溶胶，诊断并发展学生对胶粒微观结构的理解和面对新情境分析解决问题的能力。

三、教学重难点

教学重点：从分散质粒子大小角度对分散系进行分类的方法；胶体概念的形成。

教学难点：胶体概念的形成。

四、教学过程

环节一：复习旧知，引入新课

展示图片（如图 2.1 所示）：

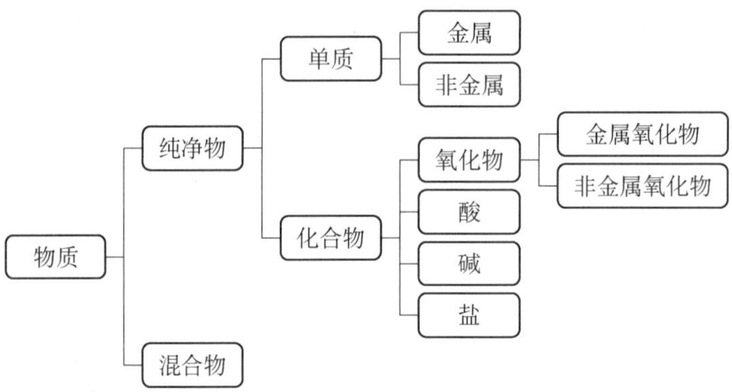

图 2.1

师：上节课我们学习了基本分类方法，这是我们上节课研究物质分类的结果。如果说这是一棵茁壮成长的大树，这棵大树给你什么感觉呢？

生：纯净物的一枝枝繁叶茂，而混合物的一枝则有些单薄。

师：在真实的物质世界中，大部分物质都以混合物形式存在，所以研究混合物的性质很有必要。研究哪些混合物呢？如果只是像彩色粉笔这样放在一起，红色粉笔、蓝色粉笔其性质没有相互影响，很容易分开，那么就没有研究的价值。而我把红色、蓝色的颜料一起溶解在水中会怎么样呢？（教师演示颜料混合溶于水的实验。）

生：颜料均匀地混合在一起，而且跟原来的颜色不同了。

师：以水作为介质（连续相），不同颜色的颜料被分散开，混合得非常均匀，产生了相互影响，这一体系的性质与混合前大不相同，这样的混合体系就有了作为一个整体研究的价值。像这种均匀混合的体系称为分散系。

【设计意图】复习上节课内容，点出本节课主题：混合物的分类，并指出研究的混合物范围和混合物分类的重要性，让学生明白本节课的学习重点和价值所在。

环节二：学习分散系概念，初试分类

投影展示并讲解：把一种（或多种）物质分散在另一种物质中所得到的体系，叫作分散系。其中被分散的物质为分散质，起容纳分散质作用的物质叫分散剂。

师：比如 $CuSO_4$ 溶液就是一种分散系，其中 $CuSO_4$ 是分散质，水是分散剂。你还能举出分散系的例子吗？

生：NaCl 溶液中 NaCl 是分散质，水是分散剂。

生：……

师：我们身边有很多分散系，除了我们刚才提到的这些，还有——

投影展示：空气、合金、豆浆、食盐水、有色玻璃、牛奶、泥水、白酒、水煤气、石油、汽水。

师：这么多的分散系，看起来有些眼花缭乱，要想研究它们的性质，我们可以先——

生：分类。

师：尝试对上述分散系进行分类，并说出你的分类依据。（提出任务 1：对分散系进行分类。）

生：可以按状态分类，空气、水煤气是气态，豆浆、食盐水、泥水、牛奶、白酒、石油、汽水是液态，合金、有色玻璃是固态。

师：你按照状态把分散系分为了三类，但是如果把泥水分为液态的话，那么其中固态的泥土小颗粒怎么办呢？

生：……

师：分散系是由分散质和分散剂两部分组成的，怎么分类更科学一些呢？

生：按照分散质和分散剂所处的状态来分类，共分为 9 种。泥水中分散质是固态，分散剂是液态。

【设计意图】最直观的、学生最易想到的就是按宏观状态分类，在老师提示下能得出按分散质和分散剂的状态分类的方法，同时巩固了对分散系概念的认识。

环节三：系列实验探究，形成核心概念

师：当分散质分散于分散剂中，分散质原有的状态还能保持吗？比如，当 NaCl 晶体溶于水后，NaCl 还是原来的固态吗？

生：不是。

师：那么，分散质到底以什么形态存在呢？（提出任务 2：探究分散质在分散剂中的聚集状态）让我们通过实验来探究。

学生按老师要求进行分组实验：取 3 支试管，标记为①、②、③，分别加入 3 mL 蒸馏水，然后向试管①中加入 2 滴饱和 $FeCl_3$ 溶液，向试管③中加入 1 mL 4 mol/L 的 NaOH 溶液（足量）后再加入 2 滴饱和 $FeCl_3$ 溶液，对比观察。

师：观察两支试管中混合物形态，指出有色分散质的成分，比较两支试管中分散质颗粒的相对大小。

生：试管①中得到棕黄色溶液，是稀释后的 $FeCl_3$ 溶液，棕黄色是 Fe^{3+} 的颜色，试管③中得到浊液，有红褐色沉淀生成，是 $Fe(OH)_3$ 沉淀。试管③中 $Fe(OH)_3$ 颗粒应该比试管①中 Fe^{3+} 大，因为试管③中肉眼可观察到 $Fe(OH)_3$ 颗粒，试管①中不能看见颗粒。

学生继续实验：将试管②中蒸馏水煮沸，趁热滴入 2 滴饱和 $FeCl_3$ 溶液，振荡，制得红褐色液体。

师：将三支试管并列观察，你对试管②中的分散质有什么推测？

生：我认为试管②中生成了 $Fe(OH)_3$，因为它的颜色是同试管③中的沉淀一样的颜色。

师：那试管②中的 $Fe(OH)_3$ 粒子大小呢？

生：比试管③中颗粒小，比试管①中颗粒……应该要大。

师：我们能通过实验来说明吗？（将学生的视野从微观推测引向宏观角度。）

学生分组实验：将两张滤纸重叠，上层滤纸上做了 3 个标记，在标记处分别滴加 3 支试管中分散系（3 滴），片刻后，观察下层滤纸上的颜色变化。

生：滴加试管①中液体的下层滤纸处出现棕黄色，滴加试管②中液体的下层滤纸处出现红褐色，滴加试管③中混合物的下层滤纸处无有色物质。

师：通过现象可得到什么结论？

生：试管③中分散质粒子不能透过滤纸，试管①②中分散质粒子可以透过滤纸。试管③中分散质粒子比试管①②中分散质粒子大。

老师板书记录实验结果（如表 2.1 所示）：

表 2.1

编号	分散质粒子能否透过滤纸
试管①	能
试管②	能
试管③	不能

师：让我们继续通过实验比较试管①②中分散质粒子大小。

学生分组实验：用激光笔照射①、②中的分散系，在与光束垂直的方向观察。

生：从侧面观察，试管①中没有现象，光线直接透过，试管②中可以看到一条光亮的通路。

师：这条光亮的“通路”是由于试管②中分散质粒子对光的散射形成的，这种现象叫丁达尔效应。溶液中为什么没有这种现象呢？因为溶液中的粒子太小，散射太弱了。（展示图片）丁达尔效应在我们的生活中随处可见，清晨的树林中可看到一道道光线射下来，夜晚城市上空的霓虹灯光柱等等，都是小液滴或尘埃小颗粒对光的散射，产生了丁达尔效应，为我们增加很多视觉享受。

师：我们知道试管①中是 $FeCl_3$ 溶液，试管③中是 $Fe(OH)_3$ 浊液。通过刚才的两个实验，我们发现试管②中的分散系是不同于溶液和浊液的一种分散系，我们把这种分散系称为胶体。那么你现在知道胶体有哪些性质?

生:能发生丁达尔效应,分散质粒子可以透过滤纸。

师:很好。很多时候溶液和胶体看上去都是均匀透明的,我们可以利用丁达尔效应来区分溶液和胶体。

师:胶体的性质之所以与溶液、浊液不同,是由于它们的分散质粒子大小不同。当分散剂是水或其他液体时,按照分散质粒子的大小将分散系分为溶液、胶体、浊液。分散质粒子直径小于 1 nm 的分散系是溶液,分散质粒子直径在 1 nm 到 100 nm 之间的分散系是胶体,分散质粒子直径大于 100 nm 的分散系是浊液。

板书(在实验记录板书基础上补充如表 2.2 所示):

表 2.2

分散系	直径	分散质粒子能否透过滤纸	能否发生丁达尔效应
溶液	<1 nm	能	不能
胶体	1～100 nm	能	能
浊液	>100 nm	不能	

师:假设每个原子的直径近似为 0.1 nm,那么试着推测一下,一个胶粒是由多少个原子聚集而成的呢?

生:约 10^3 到 10^9 个。

师:让我们再回到第一个实验,将三支试管对比,试管中的分散系还是最初制备的形态吗? 分散质还均匀分散在分散剂中吗?

生:试管①②中的液体仍是均匀的,试管③中 $Fe(OH)_3$ 颗粒已完全沉降下来,上层为无色溶液。

师:溶液中溶质以离子或小分子自发分散在溶剂中,永远不会主动与溶剂分离,所以溶液是最稳定的分散系。浊液中的大颗粒很快就在重力的作用下沉降下来,浊液是不稳定的分散系。胶体在一定条件下能稳定存在,胶体粒子之所以没有迅速在重力作用下沉降,主要是因为胶体粒子可以通过吸附而带有电荷,同种胶体粒子电性相同,比如 $Fe(OH)_3$ 胶粒都带正电荷,它们之间的相互排斥阻碍了胶体粒子变大,使它们不易聚集、沉降，如果中和胶粒所带电荷，那么胶体粒子很快就会聚集为较大颗粒，形成沉淀从分散剂里析出。所以胶体是一种介稳体系。

【设计意图】在胶体这一核心概念的建构过程中，对教材知识的呈现顺序做了调整。不是先给出概念再做实验研究性质，而是先进行制备实验，在实验过程中引导学生观察，并从微观角度猜测粒子大小，然后再通过宏观实验验证，体会科学探究的一般过程。当通过实验认识到三种分散系的性质不同后，再给出分散系分类依据：分散质粒子的大小。至此，胶体概念顺利建构。最后，通过计算让学生自己发现一个肉眼不可见的胶体粒子中竟然聚集了如此多的原子，深化了对胶体本质的认识。微观结构决定宏观性质，宏观与微观两种认知方式的本质联系为后续化学物质及其变化的学习奠定基础。这一环节充分体现了核心素养中“宏观辨识与微观探析”“科学探究与创新意识”的目标要求。

环节四：了解相关化学史——“胶体”的认识过程

师：我们通过实验认识了胶体的性质，知道它是一种不同于溶液、浊液的分散系。但初次接触“胶体”一词，难免从字面上把它想象成一类黏黏的物质，历史上科学家们对胶体的认识也经历了从宏观感性到微观本质的过程。

1861 年，英国化学家格雷姆最早提出“胶体”这一名词，以此来描述一些难以扩散和难以透过羊皮纸(半透膜)的胶黏物质，如蛋白质、明胶等，并将这类物质与晶体对立区分。

此后很长的一段时间里，人们一直都这样认为。直到 1905 年俄国化学家维伊曼对 200 多种化合物进行实验，结果证明任何典型晶体都可以通过改换溶剂或降低其溶解度的方法而制成胶体，才认识到，胶体不是一类特殊的物质，而是一类分散系，它的独特性质是物质的聚集状态所表现出的性质。胶体的本质在于分散质粒子的特殊尺寸，其字面意思早已过时。

【设计意图】通过了解“胶体”概念演变的化学史，让学生体会科学研究的产物处在不断变化和成熟的过程中，有时甚至是几代科学家锲而不舍长期研究的结果，体现了化学学科核心素养中“科学精神与社会责任”的目标要求。

环节五：学以致用

师：让我们也学习化学家的方法，尝试通过降低溶解度来制备胶体。

提出任务3：尝试制备NaCl溶胶。试剂：饱和NaCl溶液、无水乙醇。（已知：常温下，NaCl在水中的溶解度为36 g，在乙醇中溶解度为0.1 g。）

学生分组实验，教师巡视指导。

师：大家来分享一下我们实验的结果。

生1：我们向3 mL无水乙醇中滴加2滴饱和NaCl溶液，震荡，得到了无色透明的胶体，有明显的丁达尔效应。

生2：我们向饱和NaCl溶液中加入无水乙醇，产生了白色沉淀，上层液体用激光笔照射也有通路。

生3：……

师：大家的实验结果各不相同，可能是什么原因呢？

生：滴加顺序和滴加剂量不同。

师：由于乙醇降低了NaCl的溶解度，使水溶液中的NaCl聚集为较大粒子，到胶粒范围时，可得到胶体。混合过多或过快，NaCl聚集为更大粒子，就得到了浊液。（如图2.2所示）所以我们这一组同学加入的饱和NaCl溶液较多，就有大颗粒沉淀生成，用激光笔照射有通路说明在这一分散系中也有胶体粒子存在，大小颗粒同时存在。

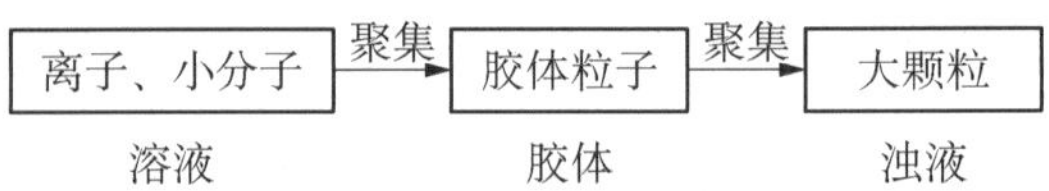

图2.2

师：让我们再用我们所学知识鉴别一下我们熟悉的这些饮料是哪种分散系。

提出任务4：鉴别下列饮料属于哪种分散系：果粒橙、苏打水、水溶C100。

学生分组实验，兴趣高涨，很快就完成了实验。

生：果粒橙一摇就能看见好多颗粒，是浊液；苏打水中无颗粒，激光笔照射无现象，是溶液；水溶C100有明显的丁达尔效应，是胶体。

师：我看见有的同学也用激光笔照射了果粒橙，有什么现象呢？

生：光线不能透过，发生反射。

【设计意图】任务 3 是一个开放性的实验，不同的实验结果驱动学生思考现象不同的原因，进行逻辑推理。在这一实验中学生看到了 NaCl 溶液、NaCl 胶体、NaCl 浊液以及它们之间的转化，能很好地体会分与合的思想，理解溶液、胶体、浊液不是一成不变的，是可以相互转化的，体现了核心素养中“变化观念与平衡思想”的目标要求。任务 4 将目光移向了生活中学生再熟悉不过的饮料，既应用所学知识解决问题，拉近化学概念与生活的距离，让学生体会生活中处处有化学，提高学习兴趣，也为接下来介绍胶体在各领域的应用作了铺垫。

环节六：拓展视野

师：由于胶体特殊的粒子尺寸，使得胶体在电学、表面学等很多方面都有特殊的性质，所以胶体在很多方面都有着重要的应用。

播放课前制作的微课：胶体在生产生活中的应用。

布置作业：(1)查阅资料，了解胶体化学在各领域的应用现状和前景，写一篇科普小论文；(2)完成课本的课后习题。

【设计意图】通过微课介绍胶体在各领域的应用，呈现大量信息，打开了学生的视野，让学生了解胶体的重要性，理解化学基本原理与高科技发展是息息相关的。通过科普小论文活动，将课堂教育延伸至课下，让课堂所学在课下发挥更大的价值。

教学反思

本节课的概念“分散系”“胶体”等从知识层面来说相对简单，高考中对该部分内容的要求也不高(了解层面)，但从提高探究能力和提升科学素养的角度看，本节课内容的教学价值是很高的。这节课教师共提出四个任务：尝试对分散系分类、探究分散质在分散剂中的聚集状态、制备 NaCl 溶胶、鉴别饮料属于哪种分散系，结合驱动性问题，引导学生进行深层次的理性思考，体会宏观与微观之间的相互联系，体会化学概念的形成过程并理解其具体意义，在概念形成过程中提升“宏观辨识与微观探析”的科学素养。

将任务 3“制备 NaCl 溶胶”设计为一个开放性的探究实验，教师只给出 NaCl 在水中和无水乙醇中的溶解度，让学生尝试制备胶体。在这一过程中，有的学生成功制备出胶体，也有的学生得到了浊液，由学生分别介绍其实验操作方法，再引导学生归纳总结操作过程，分析实验成败的原因，体会科学探究的一般过程。而不同的实验结果恰恰让学生看到了溶液、胶体、浊液的转化，教师再进一步深入微观层面进行分析，引导学生关注颗粒的“长大”过程，体会三种分散系之间的联系和转化，渗透变化观的学科思想。

课堂的最后，从任务四“鉴别饮料属于哪种分散系”到微课“胶体在生产生活中的应用”，为学生打开了一扇窗，将目光从课本、实验室移向生活、社会各方面，这种密切联系生活实际的教学可以让学生充分了解化学对社会发展的贡献，体会学科价值，增强其学习研究化学、运用化学为社会服务的意识。而课后开放性活动就给学生提供了一个平台，学生查阅、整理资料的过程也正是科学研究的一部分。

同行评价

本节教学设计行云流水，顺畅自然，知识线循序渐进，环环相扣。从对纯净物的分类引导学生思考混合物的分类，很顺畅地引入分散系的概念。从对分散系的分类引导学生观察分散质的聚集状态及微粒大小，很自然地引入胶体的概念。从对分散质微粒大小的思考引导学生实验探究，水到渠成地介绍丁达尔现象及应用，到此，胶体概念顺利建构。

这节教学设计立意很高，老师没有把主要精力放在胶体的性质，如电泳、渗析、聚沉等“考点”上，而是放在对分类思想的渗透、对胶体微粒大小的探究以及胶体在社会生产、生活中的应用等方面，尤其是开放性的胶体制备实验，很多学生从开始时不敢想、不敢做，到后来试着想、试着做，到最后的大胆想、积极做，在探索中进步，在交流中提高，在实践中进步。

专家评价

赵彦辉（邢台市普通教育教学研究室，中学高级教师）

有效地将知识能力化。胶体这节课的能力目标不仅仅是掌握知识本身，还应该包括对生活中的混合体系的分析解释，从微观与宏观结合的角度认识物质的化学方法。这节课从几种分散系的粒子大小的实验探究，到制备 NaCl 溶胶的开放性实验，再到最后的观察饮料的丁达尔现象的生活实验，都给学生足够的机会去认识胶体这种新的混合体系。从各个角度研究胶体的本质、性质和鉴别方法，有效地提高了学生从微观角度解释宏观性质的意识和能力。

有效地将知识意义化。教师基于分类的思想方法整合教学，以学科的关键概念、基本观念以及方法论原理重新对学科知识和内容进行建构和组织，使得教学不再停留在浅表，而是重新建立在新的更深层次的思维水平上。学生通过了解、领会分类思想方法和逐步掌握运用后，才能真正理解和把握整个学科的基本结构，有意识地运用分类的思想去分析问题、解决问题，有助于提高学生的学习能力和学科素养，促进化学课堂“发展学生化学学科核心素养”总目标的实现。

有效地将知识素养化。学生在课上的思维一直处在猜测、分析、验证的思考中，教师在引导学生认识概念、学习概念、深入理解概念的过程中渗透着分类观、微粒观、变化观的学科思想，有效地通过概念教学提升学生宏观辨识与微观探析、变化观念与平衡思想的科学素养。

课例 2　物质的聚集状态

王佳佳（江苏省南菁高级中学）

一、教学内容分析和设计思路

1. 教材分析

“物质的聚集状态”选自苏教版《化学 1》第 1 专题的第一单元。学生在初中已经接触过气体、液体、固体和不同聚集状态下的同种物质，本节课的内容就是在这个基础上引导学生辨识一定条件下不同状态物质的宏观性质，从微观角度理解化学物质的存在状态，形成“结构决定性质”的观念，并在解决相关化学问题时能将结构与性质相联系、宏观与微观相结合。

2. 学情分析

本节课是在学生已经学习“物质的量”“摩尔质量”“物质的量与微观粒子数”“宏观质量与微观物质的量之间的计算”等知识之后，接触到的又一类微观与宏观之间相互转化的知识。通过本节课的学习，学生能运用“气体摩尔体积”等概念进行简单的计算，从而和前面所学的知识形成体系，也为后续内容的学习奠定基础。

3. 设计思路

首先，以图片的形式让学生初步感知生活中常见的固、液、气三态物质，并简单阐述其微观结构，引发学习兴趣。进而，以实物的形式让学生感知固、液、气三态物质的宏观性质，通过自主学习了解不同聚集状态下物质的微观结构。通过分析表格、对比计算数据，引导学生发现结论，同时类比操场上的球，得出影响物质体积的微观因素。然后，改变温度和压强，通过数据对比，让学生得出影响气体分子间距的因素。利用学生已有摩尔质量的概念，引入“气体摩尔体积”的概念。最后，结合生活实例解决相关问题，加深学生对“气体摩尔体积”相关计算的理解。

二、教学目标

1. 通过辨识不同状态下物质的宏观性质，以问题探究、自主学习、交流讨论的形式，尝试从微观角度理解化学物质的存在状态，形成“结构决定性质”的观念，并在解决相关化学问题时能将物质结构和性质相联系、宏观与微观相结合。

2. 通过“摩尔质量”的概念以及已有的知识基础，建构出“气体摩尔体积”这一新概念，并能进行简单的相关计算。

3. 能进行推理，形成影响气体分子间距的因素是温度和压强的科学结论。

4. 通过问题探究、交流讨论的方式，形成合作与交流的意识，对实验探究的过程与结果进行质疑和批判、评估和反思。

三、教学重难点

重点：理解“气体摩尔体积”概念并进行相关计算。

难点：理解“气体摩尔体积”概念并进行相关计算；从微观角度理解化学物质的存在状态。

四、教学方法

讲授法；小组交流讨论法；直观演示法；练习法；任务驱动法；自主学习法。

五、教学过程

【导入】日常生活中我们会接触到许多丰富多彩的物质，比如清新的空气、冰爽的饮料、剔透的水晶……这些物质分别呈现出气态、液态和固态三种不同的聚集状态，这些不同的聚集状态生动地反映了物质世界的多样性。若从微观角度分析，这些物质都是由大量分子、原子或离子聚集在一起构成的。

【实物展示并请学生感受三类物质的性质】1. 铁块；2. 装满水的矿泉水瓶；3. 装满空气的矿泉水瓶。

【设计意图】以图片的形式让学生初步感知生活中常见的固、液、气三态物质，并简单阐述其微观结构，引发学习兴趣。进而，以实物的形式让学生能更真实地感知固、液、气三态物质的宏观性质。

师：生活经验告诉我们，固体有一定的形状，液体没有固定形状但有固定体积，气体没有固定形状和体积。气体易被压缩，而固体和液体不易被压缩。

【问题探究一】为什么固、液、气三态物质会存在某些性质上的差异？这与物质的微观结构有何联系？

师：物质的性质是由微观结构决定的，固、液、气三态究竟有怎样的微观结构呢？请同学们仔细阅读课本 P10 表 1－3，然后思考问题"固、液、气三态性质上存在的差异是由微观上哪两个因素造成的？"

【设计意图】通过自主学习的方式，了解不同聚集状态下物质的微观结构，培养学生自主学习、思考分析解决问题的能力，并逐步培养学生"宏观辨识与微观探析"的化学学科核心素养。

生：微粒间距和运动方式。

师：在固、液、气三态物质中，我们发现微粒的运动方式、微粒之间的距离是不同的，因此，不同聚集状态的物质微观结构上的差异导致了其性质的不同。

【过渡】通过上一节课的学习，我们知道 1 mol 任何物质的粒子数目都相等，约为 6.02×10^{23} 个，1 mol 物质的质量若以克为单位，在数值上等于构成该物质粒子的相对原子或相对分子质量。那么，1 mol 物质的体积有多大呢？

师：现在老师选取了若干种物质 Al、Fe、H_2O、C_2H_5OH、H_2、N_2、CO，有固体，有液体还有气体，若已知这些物质的摩尔质量，求 1 mol 这些物质的体积，还需要什么物理量？

生：密度。因为上一节课学习了摩尔质量就是 1 mol 物质的质量，若已知密度，则通过质量除以密度就可以求得 1 mol 物质的体积。

师：由于气体的体积受温度和压强的影响较大，要比较 1 mol 不同气体的体积，我们需要规定同一温度和同一压强，化学上将 0℃（273 K），1.01×10^5 Pa 规定为标准状况。以上这些物质的密度均是在标准状态下测得的，请同学们分组计算 1 mol 不同物质的体积并合作完成表格。

【问题探究二】分析表格，通过对比表格中的数据，你发现了什么？

【设计意图】通过分析表格、对比计算数据，引导学生发现结论，培养学生自主探究、分析思考的能力，让学生对结论有更透彻的认识。

生：我发现在相同状况下，1 mol 不同气体的体积基本相同。

师：那么固体和液体呢？

生：1 mol 不同固体或液体物质体积不同。而且，1 mol 固体和液体的体积较小，1 mol 气体的体积较大。

【讨论】1. 为什么 1 mol 固体/液体的体积较小，而 1 mol 气体体积较大？

2. 为什么相同状况下，1 mol 不同固体/液体的体积不同？而 1 mol 不同气体的体积相同？

3. 物质体积即物质所占据空间的大小取决于哪些微观因素？

【类比后思考讨论】1. 50 个乒乓球和 100 个乒乓球分别紧密堆积，哪一堆球占的空间大？

2. 50 个乒乓球和 50 个篮球分别紧密堆积，哪一堆球占的空间大？

3. 50 个乒乓球紧密堆积和 50 个乒乓球每隔 20 m 放一个，哪一堆球占的空间大？

4. 乒乓球和篮球的数目都是 50 个，且球与球都间隔 20 米，在操场上均匀分布，二者所占空间又有什么样的关系？

【设计意图】通过类比操场上的球，让学生更形象地得出影响物质体积的微观因素。该类比贴近生活实际，学生能够更好地理解抽象知识，同时培养学生的"证据推理与模型认知"的化学学科核心素养。

【学生讨论后得出结论】1. 构成气体的微粒间距大，而构成固体/液体的微粒间距小，所以 1 mol 固体/液体的体积较小，而 1 mol 气体体积较大。

2. 相同状况下，气体分子间距相等，且气体分子间距远远大于气体分子本身的大小，故气体分子本身的大小忽略不计，则相同状况下 1 mol 不同气体的体积相同。而构成固体/液体的微粒间距小于其分子本身的大小，故影响固体和液体体积的因素主要是微粒本身的大小，不同种类物质微粒本身的大小不同，则 1 mol 不同固体/液体的体积不同。

3. 物质所占据空间的大小取决于粒子间距、粒子大小、粒子数目三个因素。

师：以上三大因素，哪些是气体体积的影响因素？哪些又是固体和液体体积的影响因素？

生：气体体积的影响因素是粒子数目和粒子间距；固体和液体体积的影响因素是粒子数目和粒子本身大小。

师：刚才我们计算得出标准状况下 1 mol H_2、O_2、CO_2 体积约为 22.4 L。现在我们分别改变温度和压强，在 20℃、101 kPa 下测算出 1 mol H_2、O_2、CO_2 体积约为 24.0 L；在 0℃、202 kPa 下测算出 1 mol H_2、O_2、CO_2 体积均约为 11.2 L。通过对比这三组数据，你能得出什么结论？

【设计意图】改变温度和压强，通过数据对比，让学生更形象地得出影响气体分子间距的因素。

生：1. 在相同状况下，1 mol 不同气体的体积均相等；

2. 温度升高，压强不变，1 mol 不同气体的体积增大；

3. 温度不变，压强增大，1 mol 不同气体的体积减小。

师：刚才我们得到结论气体体积的影响因素是粒子数目和粒子间距，现在控制不同气体的物质的量均为 1 mol，粒子数目一定，气体粒子间距的影响因素是什么？

生：温度和压强。

【动画展示】温度升高，气体分子间距增大；压强增大，气体分子间距减小。

【过渡】前面我们学习过摩尔质量，摩尔质量是指 1 mol 物质所具有的质量，对于固体和液体物质，称量其质量较为方便，通过“摩尔质量”就可以将物质的宏观质量与微观物质的量联系起来。而对于气体物质，测量其体积远远比称量其质量方便。由于同温同压下，物质的量相同的任何气体具有相同的体积，这就给我们研究气体的性质带来了方便。因此我们引入了“气体摩尔体积”的概念。

1. 定义：单位物质的量的气体所占的体积。

2. 符号：V_m。

3. 计算公式：$V=n\times V_m$（注：只适用于气体）

4. 单位：L/mol 或 m^3/mol。

5. 标准状况下，$V_m\approx 22.4$ L/mol。即在标准状况下，1 mol 任何气体所占的体积约为 22.4 L。任何气体：纯净气体或混合气体。

（实物展示：标准状况下，1 mol 气体的体积究竟有多大。）

【概念辨析，判断正误】

1. 标准状况下，1 mol 乙醇的体积约为 22.4 L。

2. 1 mol 气体的体积约为 22.4 L。

3. 标准状况下，1 mol O_2 和 N_2 混合气（任意比）的体积约为 22.4 L。

4. 22.4 L 气体所含分子数一定大于 20 L 气体所含的分子数。

5. 任何条件下，气体的摩尔体积都是 22.4 L/mol。

6. 只有在标准状况下，气体的摩尔体积才能是 22.4 L/mol。

【学以致用，问题解决】某医院充满氧气的氧气瓶约重 74 kg，用空后瓶约重 70 kg，你能估算出一个氧气瓶能产生标准状况下多少体积的氧气吗？

【设计意图】以一个生活实际中的例子让学生进一步深化本堂课的计算公式，体会到化学在生产社会中的实用价值。

【小结】

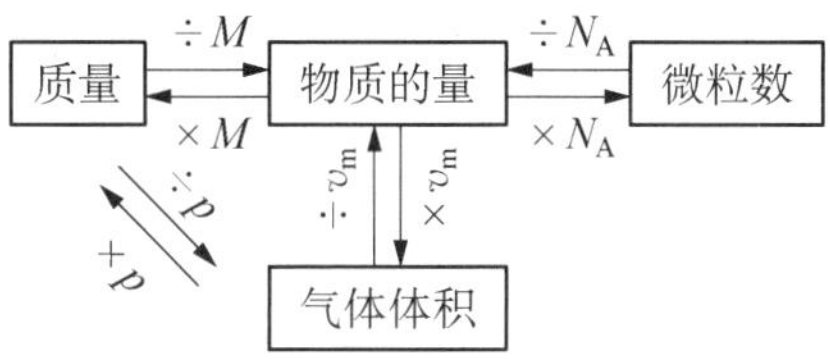

图 2.3

教学反思

拿到这个课题，我一直在思考，基于核心素养，我该如何上好这一堂课。首先，我想解决第一个问题：造成固、液、气三态物质性质上差异的根本原因。引导学生通过三个实物：①铁块；②装满水的矿泉水瓶；③装满空气的矿泉水瓶，直观感知固态、液态、气态物质的宏观性质，进行微观探析，思考造成固、液、气三态物质性质上差异的本质原因，通过小组讨论、自主学习得出结论。

有了以上知识基础，我就能够解决第二个问题：影响物质体积的微观因素是什么？首先，通过分组进行计算 1 mol 不同状态的物质具有的体积，学生对比数据得出结论。为了让学生自己能够解决并理解这些结论背后的原因，我做了一个类比，以操场上的球作为模型，让学生先尝试解决简单的生活中的问题，从而推理到课堂中，解决较为深入的问题。最终，学生自己得出结论：物质体积的三个影响因素分别是微粒大小、微粒间距、微粒数目。

接下来，我就想解决第三个问题：对于气体物质，影响其分子间距的因素究竟是什么？学生通过比较三组数据得出结论。接着，引入气体摩尔体积的概念，并选择了若干概念辨析题强化概念。最后，自己编了一道题目，强化学生本堂课的计算。有了计算的强化，最终将前面所学公式全部整合到一起，让学生思维更清晰。本堂课，体现了“宏观辨识与微观探析”“证据推理与模型认知”等核心素养，但本堂课的重点还不够突出，气体摩尔体积的概念应该是本堂课的重点，但设计的位置比较靠后，对有关气体摩尔体积的计算的强化还不够。

同行评价

善用集体智慧解决问题。在自主学习、相互交流的过程中，学生深刻理解宏观物质的性质是由微观结构决定的，形成“结构决定性质”的观念，从宏观和微观相结合的视角分析与解决实际问题。在自主讨论的过程中培养学生自主探究学习、团结协作的能力。

思路清晰、环节紧凑、设计合理。整节课王老师在细节上做了很多处理，环环相扣，较为严密。本节课思路清晰，由浅入深，思维逻辑层次分明，教学环节紧凑，有利于学生理解较为抽象的问题，有利于调动学生的主观能动性，有利于发展学生化学学科核心素养。

专家评价

李国平（江阴市学科带头人，中学高级教师）

王老师通过形象的物质让学生用手和眼睛去感知这些不同状态物质的宏观性质，通过自主学习理解物质的宏观性质是由微观结构决定的，通过分组交流学习增强学生的探究能力、交流沟通表达能力以及团队协作能力，逐步培养学生“宏观辨识与微观探析”的化学学科核心素养。在教学过程中，王老师将构成物质的微粒类比为操场上的球，贴近生活实际，学生能够很好地理解抽象知识，培养学生“证据推理与模型认知”的化学学科核心素养。

整堂课的设计层层深入，最后让学生明白只要是一定温度、一定压强下，1 mol 气体具有的体积就叫“气体摩尔体积”，深化了学生对概念的理解。王老师向学生展示了一个非常好的教具，让学生更形象地知道标准状况下 1 mol 气体的体积，这个 22.4 L 究竟是多大。

“从生活中来，到生活中去”，王老师以一个生活实际中的例子让学生进一步深化本堂课的计算公式，体会到化学在社会生产中的实用价值。总的来说，作为一名新教师，这堂课上的相当不错。在课程准备上还是仓促了些，教具准备得还是不够充分，还可以再深入思考如何做到将化学学科核心素养真正落实到课堂教学中。

课例 3　固体物质的溶解度

姚彦川(邳州市议堂中学)

一、教学内容分析和设计思路

溶解度是用来定量表示物质在溶剂中溶解能力大小的物理量。教材先通过具体的实例引入影响物质在溶剂中溶解能力大小的因素，在此基础上，人为地规定“一定温度”“100 g 溶剂”“饱和状态”和“溶质的质量”来作为定义固体物质溶解度的依据，并通过溶解度曲线形象地反映固体物质溶解度的变化趋势和规律。

本节内容主要包括三部分：饱和溶液、溶解度以及溶解度曲线。教师可以借助生活中常见的食盐或者蔗糖为实验材料，通过演示实验引导学生达成固体物质在水中的溶解能力“有限度”的意识，从而正确认识饱和溶液的概念，即某一温度下固体物质在溶剂中不能无限制溶解，它们的溶解能力是有限度的；这一“限度”会随着溶剂的质量和温度的改变而改变，延伸到比较物质溶解能力大小要限定温度、溶剂的质量和饱和状态等因素，当溶剂的量定为 100 g 时便达成溶解度的概念，溶解度会随着温度的改变而改变。

二、教学目标

1. 了解饱和溶液和不饱和溶液的概念。

2. 了解溶解度的概念，能绘制溶解度曲线，并能根据溶解度曲线获取物质溶解度的信息。

3. 能借助溶解度曲线解释实验现象，解决生活中的实际问题。

三、教学过程

1. 史料导入，激发兴趣

【导入】屠呦呦，著名药学家，经过 40 多年的研究，成功地采用乙醚浸提法提取青蒿素，并于2015年获得诺贝尔生理或医学奖。屠呦呦是第一位获得诺贝尔科学奖项的中国本土科学家、第一位获得诺贝尔生理或医学奖的华人科学家。

师：从材料中我们可以看出青蒿素制备的不容易，但为什么要用乙醚浸提法提取，而不用蒸馏水呢？

生：思考，讨论……

2. 实验探究，理解概念

师：借助实验材料完成实验，记录实验现象。

实验材料：硝酸钾、氢氧化钙、碘、酒精、蒸馏水、酒精灯、试管、药匙等。

表 2.3

实验过程	实验现象
(1) 取两支试管，各加入5 mL水，然后分别加入1 g的硝酸钾和氢氧化钙，振荡，静置。	
(2) 取两支试管，各加入5 mL水和酒精，然后分别加入一粒碘晶体，振荡，静置。	
(3) 向实验(1)中的硝酸钾的试管中继续加入2 g硝酸钾，充分振荡，观察是否完全溶解？如果不能完全溶解，尝试将试管充分加热，观察；将试管冷却几分钟，再观察。	

生：实验(1)中，硝酸钾能完全溶解在水中，形成无色溶液，而氢氧化钙不能完全溶解，形成悬浊液。

生：实验(2)中，碘晶体很快溶解在酒精中，形成棕黄色液体混合物，而碘晶体在水中溶解的非常少，略微出现黄色。

生：继续加入硝酸钾后，硝酸钾不能完全溶解，试管内有固体剩余，加热后硝酸钾固体继续溶解至消失。冷却几分钟后试管内出现针状固体。

师：从实验(1)和实验(2)里你能知道影响物质的溶解能力与什么因素有关？

生：实验(1)的溶剂都是水，影响物质溶解能力的因素是溶质的性质；实验(2)的溶质都是碘晶体，影响物质溶解能力的因素是溶剂的性质。

师：从实验(3)可以看出影响物质溶解能力的外因有哪些？

生：温度。不同温度下，硝酸钾在水中的溶解能力不一样。

师：在实验(3)中，加入 2 g 的硝酸钾后试管内有固体剩余，从中可以看出在一定温度下，在一定量的水中，硝酸钾的溶解量是有限度的，像这样不能再溶解某种溶质的体系称为这种溶质的饱和溶液，反之为不饱和溶液。

师：如何将饱和溶液变成不饱和溶液？

生：升温或者加水都可以。

师：如何将不饱和溶液变成饱和溶液呢？

生：降温、蒸发水或者加溶质。

师：是不是所有的物质在升温后都可以实现饱和溶液变成不饱和溶液？

生：不是，氢氧化钙的溶解能力随着温度的升高而降低。

【设计意图】通过实验，学生可以直观地比较出相同温度下，硝酸钾与氢氧化钙在水中、碘晶体在水与酒精中溶解能力的差异，由此得到影响物质溶解能力的内在因素。借助实验 3 能得出温度是影响物质溶解能力的外因之一。

3. 结合事实，追本溯源

师：结合实验考虑，屠呦呦团队为什么用乙醚提取青蒿素而不用水，可能的原因是什么？

生：有可能青蒿素易溶于乙醚，难溶于水。

师：胡萝卜是一种常见的蔬菜，有研究表明，胡萝卜煮着吃，胡萝卜素的利用率只有 8%，炒着吃可以达到 70%，从物质溶解性的角度解释原因。

生：胡萝卜素是一种易溶于油脂不易溶于水的维生素，它在水中的溶解能力比较差。

4. 定量表示，直观理解

师：在一定量的水和一定的温度下，硝酸钾与氢氧化钙的溶解能力都是有限的，如何确定哪种物质的溶解能力更强？

生：设定统一的温度，设定相同质量的水。

生：还要形成饱和溶液。

师：为了更好、更方便地比较不同物质的溶解能力，化学上引入溶解度的概念，溶解度限度四个要素：一定温度下、100 g 溶剂中、饱和状态和溶质的质量。

师：第 1 张表(表 2.4)是常见物质在 20℃的溶解度，第 2 张表(表 2.5)是氯化钠和硝酸钾不同温度下的溶解度。

表 2.4　20℃时常见物质溶解度表

物质	氯化钠	硝酸钾	氢氧化钠	碳酸钠	氢氧化钙
溶解度(g)	36	31.6	109	21.8	0.16

表 2.5　氯化钠和硝酸钾在不同温度下的溶解度

温度(℃)	10	20	30	40	50	60	70	80
氯化钠的溶解度(g)	35.8	36	36.3	36.6	37	37.3	37.8	38.4
硝酸钾的溶解度(g)	20.9	31.6	45.8	63.9	85.5	110	138	169

师：从表中的数据中你得出哪些结论？

生：结论 1：相同温度下，不同物质的溶解度不同。

结论 2：同种物质在不同温度下溶解度也不相同，温度越高溶解度越大。

师：很好，需要说明的是氢氧化钙的溶解度随着温度的升高会降低。另外从表格中能不能直观地看出溶解度的变化规律？

生：需要逐个比较，比较麻烦。

师：尝试以温度为横坐标，溶解度为纵坐标，查表，描出对应点，绘制氯化钠与硝酸钾的溶解度曲线图，看看是不是更直观？

生：分组合作，画图，展示结果。

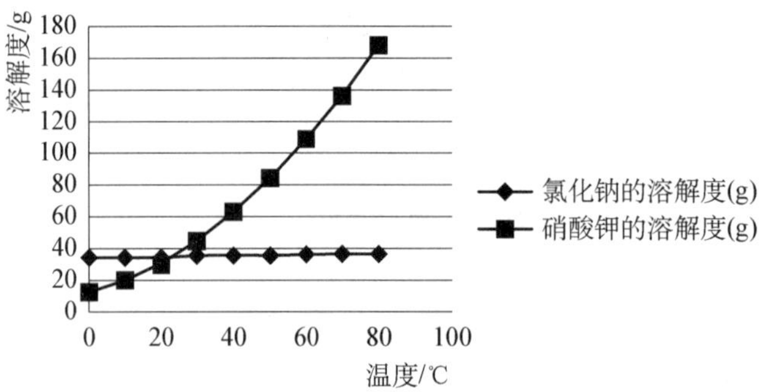

图 2.4　氯化钠与硝酸钾溶解度曲线

师：相比较于溶解度表，溶解度曲线可以直观地看出溶解度的变化趋势，而溶解度表可以迅速地查出溶解度的数据，它们各有利弊。根据数据如何计算一定温度下某饱和溶液中溶质的质量分数呢？

生：以 20℃的氯化钠为例，先分析溶液的组成，此时假设饱和溶液中有 100 g 溶剂，则有 36 g 的氯化钠即可形成饱和溶液，此时氯化钠的质量分数为 36 g/(36＋100)g ×100％＝26.5％。

师：结合溶解度表可以得到饱和溶液中溶质与溶剂的质量比，借助溶解度曲线可以直观地看出物质的溶解度随着温度的变化趋势。借助溶解度表或者溶解度曲线可以比较出不同物质在相同温度下溶解度的大小。

【设计意图】从溶解性到溶解度的变化，引导学生由定性转化到定量去分析问题，可以更直观形象地认识知识的本源。通过对溶解度表与溶解度曲线的比较，让学生能根据需要去选择和使用图表。

5. 学以致用，解决问题

师：我国青藏高原有许多的盐碱湖，湖水中有大量的氯化钠和纯碱(碳酸钠)，它们的溶解度曲线如图，请根据物质的溶解度曲线分析：

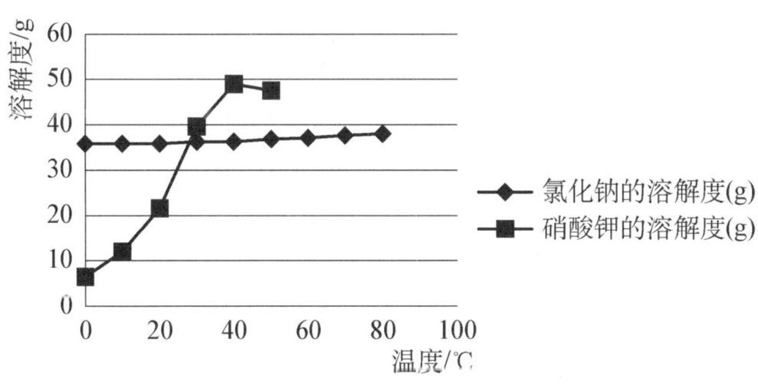

图 2.5　氯化钠与碳酸钠溶解度曲线

(1) 当地居民在哪一个季节最适合收获纯碱？

(2) 夏季当地居民可以通过蒸发湖水的办法得到氯化钠，请解释原因。

生：从图上可以看出 Na_2CO_3 的溶解度受温度影响较大，温度降低后，Na_2CO_3 溶解度会变小而结晶析出，所以冬季适合收获纯碱。NaCl 的溶解度受温度影响不大，温度改变后氯化钠不会析出或析出很少，此时可以通过暴晒以蒸发湖水中的水分使 NaCl 结晶析出。

【设计意图】溶解度曲线是解决实际问题的工具。通过对盐湖水开发利用的方法的选择，促进学生学会使用溶解度曲线解决实际问题，达到学以致用的目的。

教学反思

本节课从药学家屠呦呦制备提取青蒿素入手，让学生体会到影响物质溶解性的因素，从而建立饱和溶液和不饱和溶液的概念，在此基础上过渡到溶解度的概念，并指导学生使用溶解度曲线解决实际问题，遵循从定性到定量、理论到实践的认知规律，寓教于生活，寓教于应用，在满足学生好奇心的同时完成知识的生成与落实。

同行评价

姚老师在教学过程中，通过选择学生感兴趣的素材即屠呦呦成功采用乙醚浸提法提取青蒿素事件导入，设置有梯度的问题，使教学自然而有序地进行。学生通过探究活动总结出课题要解决的问题，即影响物质溶解性的因素，然后再运用获得的新知识解释导入时设置的问题，前后呼应。在整个教学过程中，姚老师为学生营造了一种自主宽松的环境，同时给学生留足思维时间和想象空间，所以能很好地保持学生学习的热情。

此外，在教学题材的选择上更生活化，多方位调动学生学习的兴趣和积极性。运用了分析比较法处理溶解度和溶解度曲线的教学，注重学以致用，联系生活。在整个教学过程中恰当地处理了探究学习和知识学习的关系，学生能合理地进行探究和应用知识。学生在交流互动的过程中获得新的知识，从而使教与学达到完美的结合。

专家评价

徐作培（邳州市教育局教学研究室，中学高级教师）

教学方法有效多变。采用实验探究式学习，在“影响物质溶解性的因素”等探究活动中，学生不但掌握了科学知识，而且学到科学探究的一般方法，初步形成实验探究能力；采用定量研究式学习，学生能直观清晰地通过表格理解溶解度和溶解性的区别及联系；采用自主合作式学习，多种方式组织课堂教学，达到了教师、学生、教学内容之间的互动教学效果。

问题情境创设灵活。通过史料、实验、生活实例创设问题情境，激发学生的探究欲望。学生在实验中亲身体验，总结归纳，易于理解和掌握。通过“湖水中捞碱盐”的生活实例，让学生更好地理解固体物质的溶解度受温度的影响。

教学思想有机渗透。教师关注知识点背后的素养与方法，基于“证据”“推理”的核心素养教学，通过定量研究的方法去探析溶解度的含义，学生的“宏观辨识”“科学探究与创新意识”“变化观点”等素养也得到相应的发展。以问题情境作为知识和素养的载体，注重学生的参与意识、思维的发展和实践能力的培养，激发了学生的探究欲望和潜能。

第3章　化学基础原理教学课例

化学原理是指运用化学概念做出的基本判断和推理，包括化学的基本定律、基本规律和基本观点[①]。中学化学基本原理可分为微观结构和宏观规律两方面，它们是相互联系的。化学基本原理学习的常用方法有[②]：

（1）归纳法

归纳把大量的经验材料经过分析整理，提高到理性认识阶段，把若干特殊的理性认识变为一般的理性认识。因此掌握归纳法对于中学生是十分重要的。近代化学之父道尔顿在一次演讲中也指出："在研究过程中我发现一些新的重要的事实和资料，并把这些事实归纳为定律。这些定律如果能够成立，在化学方面无疑将产生极其重要的变化，将使整个化学成为一门非常简明的科学，连最普通的人都能理解。"归纳法从大量个别事例得出新的一般原理和规律，具有创造性。但是这种方法不能深入地认识事物本质，不能认清事物真实的内在联系，归纳得出的创新结论还有赖于实践的进一步检验。学习过程中单一使用归纳法是不行的，还需要其他思维方法，其中之一便是演绎法。

（2）演绎法

演绎法是指从一般规律（较一般的化学原理），运用数学的演算或逻辑的证明，得

---

① 梁凌志，林海斌. 化学原理的学习模型构建[J]. 中学化学教学参考，2006(11)：23—25.

② 王德胜. 化学方法论[M]. 杭州：浙江教育出版社，2007.

出特殊事实应遵循的规律(特殊化学原理),即"从一般到特殊"的推理方法。俄国有机化学家布特列洛夫曾经运用演绎法成功预言并合成了一些有机化合物,如三甲基甲醇、异丁烷等。

(3) 类比法

类比法是实现抽象思维和形象思维融为一体的一种独特的思维方法。当事实材料比较少或发现的新事物与原有理论发生根本矛盾,归纳法或演绎法不能充分发挥作用时,类比方法往往能够完成"从一般到特殊"这个完整的逻辑过程。例如,受卢瑟福"原子行星模型"的启发,玻尔用类比法想到了分子内原子、电子的运行可用"电子云"进行详细地描述。

(4) 模型方法

化学学科核心素养中明确提到"模型认知"要求,即"能认识化学现象与模型之间的联系,能运用多种模型来描述和解释化学现象,预测物质及其变化的可能结果;能依据物质及其变化的信息建构模型,建立解决复杂化学问题的思维框架"。可见,模型方法是在已获得感性认识的基础上,对化学事实进行近似、形象和整体的描述,进而揭示其本质和规律①。

总之,教师在化学教学中,合理地运用归纳、演绎、类比、模型等方法,有利于学生感知实验现象,形成一定表象,并对表象进行分析、抽象、概括,实现对事物本质的认识,提升化学学科核心素养。

课例 4　化学反应中的热量变化

杨芙蓉(徐州市铜山中学)

一、教学内容分析和设计主旨

1. 课程标准与教材分析

本设计使用的教材是苏教版《化学 2》,教学内容是专题 2《化学反应与能量转化》

① 徐凯里. 建模思想在化学原理教学中的运用[J]. 化学教育,2018(17):32—35.

中第二单元《化学反应中的热量变化》第一课时。对于这部分的教学，课程标准要求认识物质具有能量，知道化学反应可以实现化学能与其他能量形式的转化，认识吸热反应与放热反应，了解化学反应体系能量改变与化学键的断裂和形成有关。

本部分内容既是对初中所学化学能量的提升与拓展，又为后续要学习《化学反应原理》奠定知识基础，作为一条重要的知识主线贯穿整个高中化学教学。教材从日常生产、生活中的实例入手，让同学们感受化学反应中的能量变化，指出许多化学反应能量变化主要表现为热量放出与吸收。又通过实验探究认识和感受化学反应中的热量变化，能识别常见的吸热或放热反应，最后从物质总能量和化学键的角度对化学反应中为什么总伴随有能量变化给出解释。

2. 学情分析

关于化学反应与能量之间的关系，学生在初中化学中已经有所了解，在他们的生活经验中也有丰富的感性认识。同时通过学习一些物质性质（如生石灰）及化学反应，对通过实验判断化学反应过程中的热量变化有一定的认识，为本节内容的学习奠定基础。以学生已有知识为平台，通过设置相关的实验，让学生在探究中学习，调动学习热情，培养学习兴趣。提供生产、生活中的应用实例，让学生认识学习本节内容的价值，感受化学对社会发展的重大贡献。

3. 设计主旨

化学反应中所释放的能量是当今世上最重要的能源，因此在新课程中特别突出化学反应与能量转化这部分内容。新课程标准强调："从学生已有经验和将要经历的社会生活实际出发，帮助学生认识化学与人类生活的密切关系。"本节课包含从对能量变化的"初识"到"体验"再到"探究变化本质"以及"对人类社会发展的重大贡献"这样几个环节，整体构思是让学生从生活走进化学，用实验探究化学，再从化学走向社会，走向未来。在设计中，要注重学生参与，利用"任务驱动"模式，问题导引的方法，变被动为主动，通过课本信息的阅读，促进学生阅读能力、知识迁移能力、分析归纳能力以及语言表达的提高。

二、教学与评价目标

1. 教学目标

（1）通过实验探究感受化学反应中吸放热现象；形成吸热反应和放热反应的概念，并能识别常见的吸热反应和放热反应。

（2）通过分析化学反应中能量变化的原因，初步学会从宏观和微观相结合的视角分析与解决实际问题。

（3）通过氢氧化钡晶体与氯化铵晶体反应装置改进及再设计活动，体会科学探究过程，同时感受绿色化学理念。

（4）通过了解生产生活中的能量变化，赞赏化学对社会发展的重大贡献，树立以化学作为专业和职业的兴趣和理想。

2. 评价目标

（1）通过对“氢氧化钡晶体与氯化铵晶体反应装置改进”的交流和点评，诊断并发展学生实验探究水平。

（2）通过对化学反应中能量变化原因的分析，诊断并发展学生对反应中能量变化实质的认识进阶（表观现象、物质总能量、化学键角度）。

三、教学重难点

能识别常见的吸热反应和放热反应。

分析化学变化中能量吸收或释放的原因，知道化学键的断裂和形成是化学反应能量变化的主要原因。

四、教学方法

情境教学法：通过创设三个吸放热反应情境让学生融入到具体环境中，在连续不断的启发下获得知识。

读书指导法：通过引导读书、分析思考得出能量变化的本质。

五、教学过程

环节一：能量变化——初识

师：你认识化学吗？

生：观看纪录片——《我们需要化学》片段。

师：化学研究的核心内容是什么？

生：是物质与物质之间的相互转化。

师：化学研究的核心内容是物质与物质之间的相互转化，而且在转化过程中必然伴随能量的变化。

PPT 展示并讲解：有些反应需要吸收能量：植物的光合作用，水分解生成氢气和氧气；有些反应放出能量：化石燃料的燃烧，火箭推进剂的氧化反应，混合铝与碘（PPT 展示动态图片）。

生：观看 PPT 动态图片，感受通过化学反应可以实现化学能与其他能量形式的转化。

师：眼前的这些能量变化让我们感到惊叹和惊奇，其实一些能量变化早已进入寻常百姓家。

PPT 展示：暖贴，一些自热食品，网红小火锅等。

生：观看，思考，感受能量变化在身边。

【设计意图】通过观看视频让学生感受到我们需要化学，需要化学给我们提供物质世界，更需要物质通过化学反应提供的能量，让学生由衷感受到爱生活，更要爱化学。

采用动态能量变化图，增加学生对能量变化的感识度，感受能量变化在日常生活中的应用。

师：通过以上的介绍，对于能量变化有了初步的认识，纸上得来终觉浅，绝知此事要躬行。

环节二：能量变化——体验

PPT 展示：【实验 1】

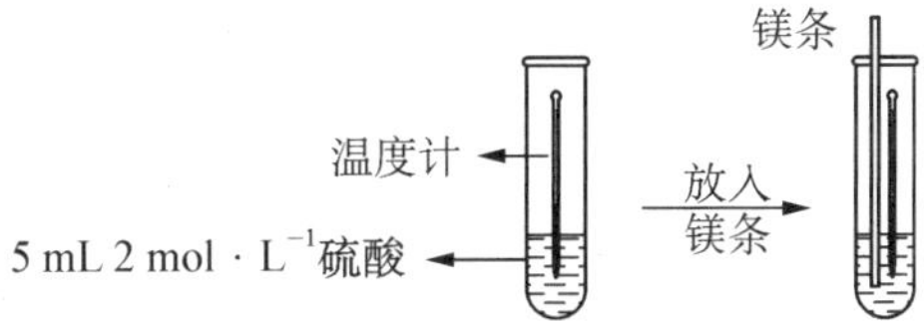

图 3.1　镁与硫酸反应

生：根据图示完成实验操作，观察物质及其变化的现象，客观进行记录。

师：组长汇报本组实验现象并对实验现象做出解释。

生：现象：镁条溶解，产生大量气泡。试管外壁发热，温度计示数上升。

　　结论：镁与硫酸反应有热量放出。

【设计意图】培养学生动手能力，温度计的使用让学生感受定量实验，为热化学方程式的学习打下基础。

PPT 展示：【实验 2】

【方案一】

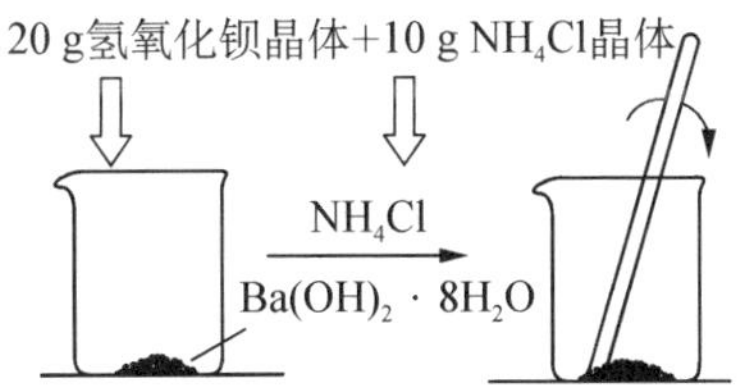

图 3.2　氢氧化钡晶体与氧化铵反应方案一

【方案二】

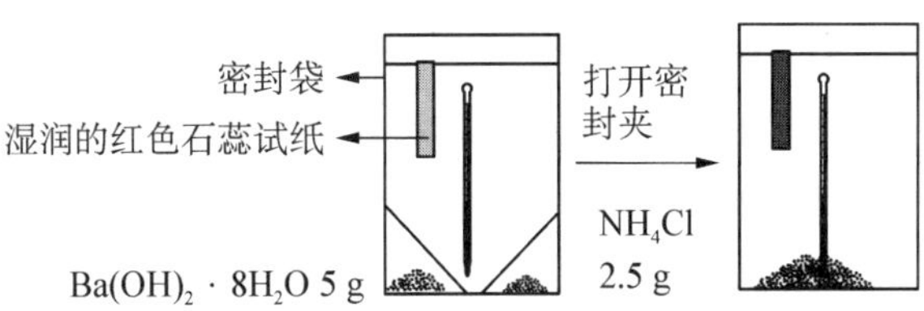

图 3.3　氢氧化钡晶体与氯化铵反应方案二

生：小组讨论，对两个设计方案进行评价与选择。

生：方案一现象：烧杯外壁冰凉，有刺激性气味的气体生成。

方案二现象：试纸变蓝，密封袋外表面冰凉，温度计示数下降。

师：根据实验现象可得到什么结论？并写出该反应的化学方程式。

生：氢氧化钡晶体与氯化铵反应需要吸收热量，产物中有 NH_3 生成。

板演 $Ba(OH)_2 \cdot 8H_2O + 2NH_4Cl \xlongequal{} 2NH_3\uparrow + BaCl_2 + 10H_2O$

师：通过对比，方案二有何优点？

生：方案二优点：药品用量少，现象明显，反应体系密闭、无污染，符合绿色化学理念等。

【设计意图】通过化学实验的创新改进激发学生学习化学的兴趣和情感，培养学生的创新精神。方案二的评价与选择让学生拥有绿色化学观念。通过实验探究感受化学反应中吸放热现象；形成吸热反应和放热反应的概念。

师：像氢氧化钡晶体与氯化铵这种需要吸收热量的化学反应称为吸热反应。

环节三：能量变化主要体现形式——热量

【PPT 副板书】

一、放热反应、吸热反应

1. 吸热反应：吸收热量的化学反应

2. 放热反应：有热量放出的化学反应

师：请结合你的生活经验和已学知识，再举出一些放热反应和吸热反应的例子。

生：回答常见的吸放热反应。

【PPT 副板书】

二、常见的吸放热反应

生：判断下列反应是放热反应还是吸热反应。

1. 镁条的燃烧　2. 高温煅烧石灰石　3. 氧化钙与水的反应　4. 盐酸与氢氧化钠溶液反应　5. 高温下木炭与 CO_2 反应生成 CO　6. 炸药爆炸　7. $Ca(OH)_2$ 和 NH_4Cl 的反应　8. 炽热的碳与 H_2O 的反应　9. 甲烷在氧气中的燃烧

师：是不是吸热反应都需要加热，而放热反应不需要加热呢？

生：思考，回答，举例论证 $Ba(OH)_2 \cdot 8H_2O$ 和 NH_4Cl 的反应（常温）为吸热反应，镁条燃烧、铝热反应需加热但为放热反应。

师：反应是吸热还是放热与反应条件无必然联系。

【设计意图】通过讨论、回顾、总结归纳，识别常见的吸热反应和放热反应。抛出问题引导学生深入思考化学反应中能量变化的原因。

环节四：化学反应中能量变化原因

生：阅读教材 36 页，思考为什么化学反应总伴有能量的变化。

【PPT 副板书】

三、化学反应中能量变化的原因

1. 反应物、生成物总能量的相对大小

师：类比解释

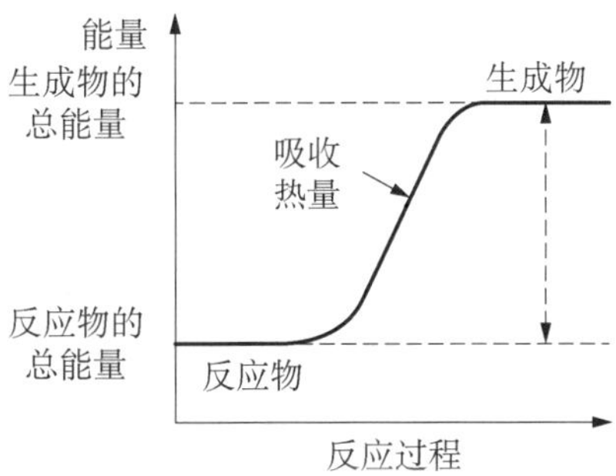

$$\sum E(\text{反应物}) + \text{吸收的能量} = \sum E(\text{生成物})$$

图 3.4　吸热反应能量变化曲线

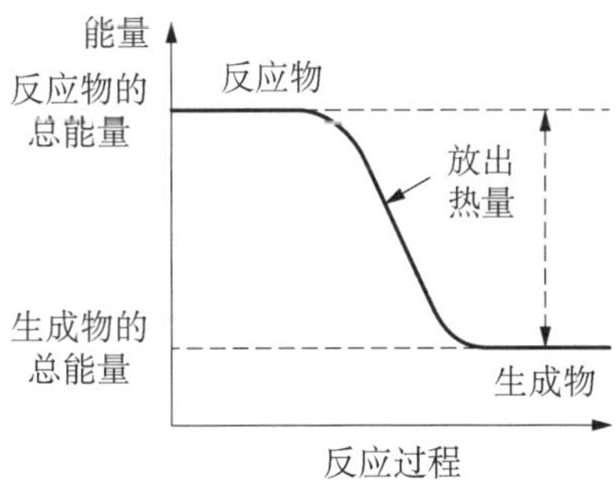

$$\sum E(\text{反应物}) = \sum E(\text{生成物}) + \text{放出的能量}$$

图 3.5　放热反应能量变化曲线

【PPT 副板书】

(1) 放热反应：$\sum E$(反应物) $>$ $\sum E$(生成物)

(2) 吸热反应：$\sum E$(反应物) $<$ $\sum E$(生成物)

师：化学反应的特征是什么？

生：新物质的生成。

师：新物质的生成是旧键断裂和新键形成的必然结果。即化学反应实质：旧键的断裂和新键的形成。

【PPT 副板书】

2. 化学键角度　断键→吸收能量，成键→放出能量

师：反应中断键吸收的总能量和成键放出的总能量相等吗？若不相等，它们的相对大小和吸放热反应类型有何关系？

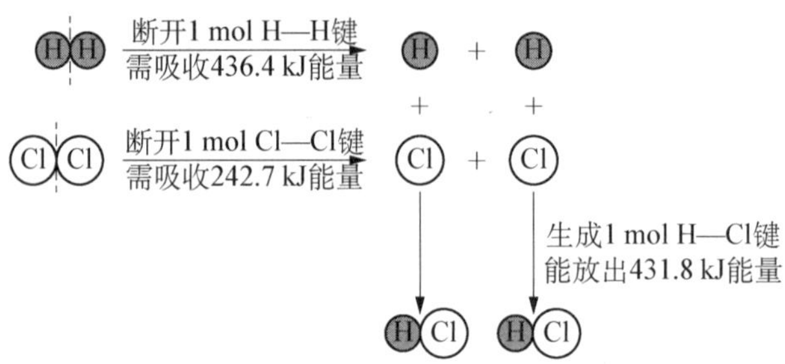

生：计算 $H_2 + Cl_2 \xlongequal{} 2HCl$

H—H　Cl—Cl　2H—Cl

吸收热量：436.4 kJ ＋ 242.7 kJ ＝679.1 kJ

放出热量：2 × 431.8 kJ ＝863.6 kJ

该反应放出热量：863.6 kJ － 679.1 kJ ＝184.5 kJ

【设计意图】引导学生从宏观和微观相结合的视角分析与解决实际问题。宏观方面，通过反应过程中能量变化曲线图，结合能量守恒定律，让学生学会从物质总能量角度分析化学反应中能量变化的原因。微观方面，让学生认识化学键的断裂和形成是化学反应中物质变化的实质及能量变化的主要原因。通过相关计算，让学生学会定性定

量结合的方式揭示化学变化中的能量变化原因。

环节五：神奇的创造力——化学能量

师：回顾历史长河，人类对于化学能量的追求从未停止过。50 万年前，原始人举起了第一个火把，从此学会了利用草木为燃料燃烧放出的热量从事各种活动。时至今日，不管是日新月异的航天事业，还是我们的日常生产生活，都离不开化学能量，化学能量也以它神奇的创造力不断地改造着我们的世界，不管是过去、现在还是将来。

生：观看，聆听，感受化学能量的重要性。

【设计意图】让学生感受化学对社会发展的重大贡献，激发学生树立以化学作为专业和职业的兴趣和理想，鼓励学生关注并投身于化学事业。

师：本节课我们主要学习了两个问题：了解吸放热反应并能识别常见的吸放热反应，能从总能量和化学键的角度解释化学反应中能量变化的原因，根据 PPT 内容完成课堂整理。

环节六：课外延伸

1. 依据方案二设计原则，继续改进氢氧化钡晶体与氯化铵晶体反应装置。

2. 暖贴和自热食品给我们的生活带来了方便，但使用不当却存在安全隐患，结合已学知识并查阅相关资料，1～4 组探究暖贴发热包发热原理；5～8 组探究自热食品中发热包发热原理，比较它们发热原理的异同点，结合发热包成分，总结使用注意事项。

【设计意图】通过真实的问题促使学生查阅文件、设计方案和交流讨论，培养学生的探究能力、实践能力和分析解决问题的能力等。

教学反思

本节课整体构思是让学生“从生活走进化学，用实验探究化学，再从化学走向社会，走向未来”。教学设计中主要注意几点：

1. 贴近生活、社会实际，重视化学与其他学科之间的联系

化学科学与生产、生活以及科学技术的发展有着密切的联系，对社会发展、科技进

步和人类生活质量的提高有着广泛而深刻的影响。在教学中，紧密联系生产、生活实际，使学生认识化学与人类生产、生活的密切关系，让学生感受化学对社会发展的重大贡献。教学中注意与其他学科的联系，如从物质总能量角度解释为什么化学反应中总伴有能量变化时，借助物理学中的能量守恒定律，培养学生综合运用化学和其他学科的知识分析解决问题的能力。

2. 充分认识化学实验的独特价值

以实验为基础是化学学科的重要特征之一，化学实验对于全面发展学生的化学学科核心素养有着极为重要的作用。依据“科学探究与创新意识”素养发展水平和学业质量要求，结合学生的认知发展特点，精心设计实验探究活动，如氢氧化钡晶体与氯化铵晶体反应，方案一为教材设置实验，但该实验操作药品用量大，体系敞开，实验中氨气逸出，不符合绿色化学理念，精心改进后，为学生提供方案二，学生对两个设计方案进行评价并做出选择。由此鼓励学生继续改进氢氧化钡晶体与氯化铵晶体反应装置，培养学生的创新意识。

3. 结合所学知识创设真实问题情境，促进学习方式转变

真实、具体的问题情境是学生化学学科核心素养形成和发展的重要载体，也为学生化学学科核心素养提供了真实的表现机会。因此，在教学中应重视创设真实而有价值的问题情境，促进学生化学学科核心素养的形成和发展。如暖贴和自热食品给我们的生活带来了方便，但使用不当却存在安全隐患，可以引导学生探究发热包发热原理，比较它们发热原理的异同点，结合发热包成分，总结使用注意事项。这些具体的问题解决任务，促使学生查阅文献、设计方案、实验探究等，改变了学生的学习方式，学生的化学学科核心素养也得到了提升和发展。

同行评价

创设真实的情境，转化学知识为真实能力。学科核心素养的培养，蕴含了学习方式的变革，教师结合所学知识创设真实问题情境，促进学习方式的转变。围绕生活中常见的暖贴和自热小火锅的操作问题，引导学生查阅资料，了解发热包的成分及性质，设计方案探究发热包发热原理。这种任务驱动的学习方式让学生变被动为主动，实现知识到能力的生成，真正产生育人的价值。

借助实验探究让高中化学核心素养落地生根。本节课为学生准备了两个分组实验，其中氢氧化钡晶体与氯化铵晶体反应的处理不失为一个亮点，教师提供了两个方案引导学生分析评价，做出选择。通过实验对比，引入绿色化学理念，无生硬突兀之感。另外通过演示创新实验，也唤醒学生的创新意识。

贴近社会生产、生活实际，注重学科间联系。在教学中，教师能紧密联系生产、生活实际，使学生认识化学与人类生产、生活的密切关系，让学生感受化学对社会发展的重大贡献，培养学生的科学精神与社会责任。

专家评价

雍世伟（铜山区郑集镇中心中学，中学特级教师）

教学主线清晰，实验创新意识外显充分。以科学探究为主体，通过显著的实验现象，让学生充分感知化学反应中的能量变化，将吸热反应、放热反应贯穿始终。通过设计氯化铵与氢氧化钡反应的创新实验，激发学生学习化学的兴趣，培养学生的创新精神。

建模思想凸显课堂。教学过程中，教师通过建立“水从高处到低处”的流动模型，让学生通过类比感知，内化为感知化学反应中的吸热、放热变化。通过模型的建立，将抽象的教学内容形象化。注重组织学生开展概括关联，使学生能更好地理解吸热、放热反应。

符号表征运用恰当。课堂教学中，教师运用化学反应方程式，结合化学反应的本质、成键、断键、键能等要素分析氯化氢形成过程中的能量变化。合理的运用符号表征将宏观与微观有效结合，让学生认识到物质具有能量，了解化学反应体系能量改变与化学键断裂和形成有关。

教学建议：教学情境引入的暖贴在教学结束时能回扣情境，并从能量角度解释暖贴的放热原理；引导学生用变化的观念以及辩证的眼光看待问题，避害趋利，让反应中的热量变化更好地为社会生产、生活服务。

课例 5　氧化还原反应

张道启(徐州市铜山中学)

一、教学内容分析

1. 教材分析

“氧化还原反应”位于高中化学苏教版化学 1 专题二《从海水中获得的化学物质》第一单元《氯溴碘及其化合物》第三课时。

“氧化还原反应”是一类重要的化学反应,在生产和生活中有着广泛的应用。虽然学生在第一专题的学习中已经接触到氧化还原反应,但还没有了解氧化还原反应的实质。该部分内容对于发展学生的科学素养,引导学生有效进行高中阶段的化学学习,具有承前启后的作用。既复习初中的四大基本反应类型及氧化反应,在此基础上又进行深层次学习。有利于先前知识的丰富巩固;同时也利于后续知识的理解掌握。化学 1 对“氧化还原反应”从元素化合价的升降和原子的电子转移角度作了介绍,这对以后与元素相关知识的学习具有指导意义,也为后续原电池、电解池的学习奠定基础。“氧化还原反应”是中学化学的重要反应类型,也是高考的热点。此外,“氧化还原反应”的学习还有助于学生体验辩证唯物主义哲学思想和科学方法论。

“氧化还原反应”是高中化学必修课程中概念原理类的内容,是高中一年级全体学生都要学习的重点知识。该内容教学有助于学生形成化学反应的微观视角,了解“氧化还原反应”本质的认识过程,建构“氧化还原反应”认识模型。因此,“氧化还原反应”应是高中化学教学的重点内容之一。

2. 学情分析

高一学生刚进入高中学习,虽然认知水平不高,但其情绪和心理都处于波动状态,具有学习能力强、较容易接受新事物、思维活跃等特点。学生可以对常见的化学反应按四大基本反应类型的判断依据进行分类。他们在初中已经从具体的反应知道氧化反应,但对于氧化反应的认识是孤立的,并没有了解化合价变化的实质以及化合价变化与电子转移之间的关系。他们经过初中一年的化学学习,对化学知识有了初步了解，具有一定搜集和处理信息的能力。但分析和解决问题能力以及交流与合作能力仍有待提高。

二、教学目标和评价目标分析

《普通高中化学课程标准（实验）》中的内容标准对本节提出如下要求："根据实验事实了解氧化还原反应的本质是电子的转移，举例说明生产、生活中常见的氧化还原反应。"据此制定本节课教学目标：

1. 从反应前后某些元素的化合价发生变化，认识并建立起氧化还原反应的概念；观察动画演示，经过思考、分析、归纳总结，初步理解氧化还原反应的实质是反应中有电子的转移；学会判断一个反应是否为氧化还原反应。

2. 通过对氧化还原反应的学习，体验怎样从特殊到一般规律，再从一般规律到特殊的认识问题的科学方法；通过对氧化反应和还原反应这一矛盾体的学习，具有用对立统一的观点分析问题的意识；通过"思考与交流"等活动，形成分析问题、解决问题、类比、迁移以及归纳总结的能力。

3. 通过创设问题情境，营造宽松和谐的学习气氛，从而促使学生积极思考，激发学习兴趣和求知欲望；通过氧化还原反应概念的演变，能够用发展的眼光、科学的态度、勇于探索的品质学习化学；通过氧化还原反应有关概念的学习，初步形成对立统一的辨证唯物主义的观点。

本节课的评价目标为：

1. 通过对食品脱氧剂作用的探究实验设计方案的交流和点评，诊断并发展学生实验探究的水平（定性水平、定量水平）。

2. 通过对具体氧化还原反应的判断和分析，诊断并发展学生对氧化还原反应本质的认识进阶（物质水平、元素水平、微粒水平）和认识思路结构化水平（视角水平、内涵水平）。

3. 通过对汽车尾气绿色化处理方案的讨论和点评，诊断并发展学生对化学价值的认识水平（学科价值视角、社会价值视角、学科和可持续发展价值视角）。

三、重难点分析

教学重点：能简单分析氧化还原反应，指出氧化剂和还原剂。

教学难点：简单的氧化还原反应方程式的配平。

四、教学方法分析

教学是教与学的双边活动，只有充分发挥学生的主体地位和教师的主导作用，才能取得良好的教学效果。本节课采取“以学为本，问题导引”教学模式。

1. 教学方法分析

根据“氧化还原反应”的教学内容及学生学情分析，将采取“问题教学法”。

氧化还原反应的内容抽象难懂、基本概念繁多复杂，为了避免出现满堂灌、学生被动学习的局面，宜将本节知识点以一个个问题的形式呈现在学生面前，并将其贯穿于教学过程中，使障碍、困难在设问和释问的过程中逐个击破。

除此之外，“问题教学法”促使学生逐渐养成自主学习的习惯，并在实践中不断优化自主学习的方法，提高自主学习能力。“问题教学法”充分体现学生的主体地位，能有效地激发学生自主学习的主动性和积极性。

2. 教学手段分析

“氧化还原反应”采用传统教学手段和现代教学手段相结合：现场板书、多媒体课件、Flash 动画、小黑板展示等。

现场板书：为学生建构清晰的知识网络，帮助学生逐步认识氧化还原反应。

多媒体课件：将问题由简到繁、由浅到深逐个呈现，各问题间环环相扣，推进课堂教学的进行。

Flash 动画：展示 NaCl、HCl 形成的微观过程，化抽象为形象。

小黑板展示：小组成员之间通过自主学、互助学、帮别人的方式，力争每个人都能解决问题。提高课堂学习效率。

3. 学法指导分析

教师在教学过程中注意考虑学生已有的知识基础、能力基础，在充分了解学情下组织教学，不断给学生提出问题，创设情境，搭建平台。学生在教师的引导下沿着由简到繁、由低到高、由表及里的认知规律来认知、思考、推理、判断，从而突破重难点。具体运用的学法指导如下：

点拨式指导法：该法主要用于帮助学生突破重点之一"用化合价升降的观点来理解氧化还原反应"。在对氧化还原反应的认识从表象过渡到特征的过程中，适时地点拨学生从化合价角度分析反应。

迁移式指导法：该法主要用于帮助学生突破学习重点，用电子转移的观点来理解氧化还原反应。在对氧化还原反应的认识从特征过渡到本质的教学过程中，教师播放并讲解 NaCl 的形成过程，得知电子的得失导致化合价的升降。

五、教学过程

教学有法，教无定法，贵在得法。结合苏教版化学教材和学生的学情，本节课的教学过程中做了如下安排：

1. 复习回顾，导入新课

【复习回顾四种基本反应类型】

表 3.1

反应类型	举　　例	表示式
化合反应	$2Cu + O_2 \overset{\triangle}{=\!=} 2CuO$	$A + B =\!= AB$
分解反应	$CaCO_3 \overset{高温}{=\!=} CaO + CO_2\uparrow$	$AB =\!= A + B$
置换反应	$Fe + CuSO_4 =\!= Cu + FeSO_4$	$A + BC =\!= AC + B$
复分解反应	$NaOH + HCl =\!= NaCl + H_2O$	$AB + CD =\!= AD + CB$

【导入新课】初中阶段我们学习过许多化学反应，根据反应物和生成物的类别以及

反应前后物质种类的多少可以把它们分为四个基本反应类型。

那么高炉炼铁反应 $Fe_2O_3 + 3CO \xlongequal{高温} 2Fe + 3CO_2$，它属于基本反应类型吗？

【学生讨论】不属于。

师：经过分析，它不属于四个基本反应类型，说明上述分类方法不能包括所有反应。

这节课我们就来共同探讨、解决这个问题，我们需要制定一个新的分类方法。

【学生板演】写出下列化学反应：

1. 铜和氧气的反应
2. 氧化铜与氢气的反应
3. 铁与硫酸铜溶液的反应
4. 氯化钠溶液与硝酸银溶液的反应
5. 碳酸钙的分解反应

师：请分析上述反应中各种元素的化合价在反应前后有无变化。

生：在反应 1 中，铜元素化合价升高，氧元素化合价降低；

在反应 2 中，氢元素化合价升高，铜元素化合价降低；

在反应 3 中铁元素化合价升高，铜元素化合价降低；

在反应 4 和 5 中，元素化合价没有发生变化。

师：根据所含元素的化合价在反应前后是否发生变化，我们把反应分为氧化还原反应和非氧化还原反应。元素化合价在反应前后发生了变化的反应就是氧化还原反应。

元素化合价升高的反应是氧化反应，元素化合价降低的反应是还原反应。氧化反应与还原反应同时发生，对立依存于同一个氧化还原反应中。

【板书】一、氧化还原反应

1. 定义：元素化合价发生变化的化学反应
2. 氧化还原反应的判断依据——元素化合价变化
3. 氧化反应：元素化合价升高的反应

   还原反应：元素化合价降低的反应

【设计意图】通过默写、板演、背诵、抢答、贴纸、小组加分等方式检查学生自主学习情况，方式灵活多样，激发学生学习的兴趣，提升学生的宏观辨识与微观探析化学学科核心素养，学生参与课堂的积极性明显提升。不但使课堂教学生动活泼、丰富多彩，更能使学生真正的主动投入到学习中去。

2. 微观探析，氧还本质

师：请判断上述五个反应是否是氧化还原反应？

生：1、2、3 是氧化还原反应；4、5 不是氧化还原反应。

师：为什么氧化还原反应前后元素的化合价发生变化？其本质原因是什么呢？

以 $2Na + Cl_2 = 2NaCl$ 为例

【Flash 动画演示】钠和氯气反应生成氯化钠的微观示意图。

师：钠和氯气的反应中元素化合价发生变化，是氧化还原反应。钠原子最外层有一个电子，在反应中易失去一个电子，成为稳定的钠离子；而氯原子最外层有 7 个电子，反应中易得到一个电子，成为稳定的氯离子。这个过程中电子由钠原子转移给氯原子。

【提问】由上述可知，化合价变化的原因是什么？

生：元素的原子失去电子，使元素化合价升高，元素的原子得到电子，则此元素化合价降低。得失电子使元素化合价发生变化。电子由一种元素的原子转移到另一种元素的原子。

【教师讲解】

(1) 失电子总数 = 化合价升高总数 = 得电子总数 = 化合价降低总数。

(2) 氧化还原反应的实质：电子发生了转移。

(3) 口诀：化合价升高，失电子，被氧化；化合价降低，得电子，被还原。

【学生填空】

表 3.2

	化合价升降观点	电子转移观点
氧化反应	化合价升高的反应	失去电子的反应
还原反应	化合价降低的反应	得到电子的反应
氧化还原的关系	化合价升降同时发生 （且升降总数相等）	得失电子同时发生 （且得失电子总数相等）
氧化还原反应	有化合价升降的反应	有电子转移的反应

【设计意图】通过合作学、质疑学、教别人等学习方式，边学边讲，调动学生主动参与学习。通过小组互助学习，提高学生课堂教学的参与度。经过小组辩论和教师适时点拨，最终解决问题。证据推理和模型认知化学核心素养在这一教学模块得到大力提升。经过辩论这种形式，使课堂教学变得更加有趣活泼又不失科学严谨，通过不断挖掘教材，加大问题探讨的深度。

3. 氧化还原反应与四种基本反应类型的关系

生：置换反应一定属于氧化还原反应；复分解反应一定不属于氧化还原反应；化合反应和分解反应不一定属于氧化还原反应。

【学生画图，投影展示】

4. 还原剂和氧化剂

【提问】(1) 从化合价变化的角度分析什么是还原剂？什么是氧化剂？

(2) 从电子转移的角度分析什么是还原剂？什么是氧化剂？

(3) 还原剂和氧化剂在氧化还原反应中分别表现什么性质？

(4) 还原剂和氧化剂在氧化还原反应中各自发生什么反应？

生：所含元素化合价升高的反应物为还原剂，所含元素化合价降低的反应物为氧化剂。

生：还原剂具有还原性，在反应中失去电子，所含元素化合价升高，发生氧化反应。

生：氧化剂具有氧化性，在反应中得到电子，所含元素化合价降低，发生还原反应。

生：在氧化还原反应中，氧化剂起氧化作用，本身被还原，发生还原反应，对应生成物叫还原产物；还原剂起还原作用，本身被氧化，发生氧化反应，对应生成物叫氧化产物。

【总结】氧化还原反应中各概念间的关系为：

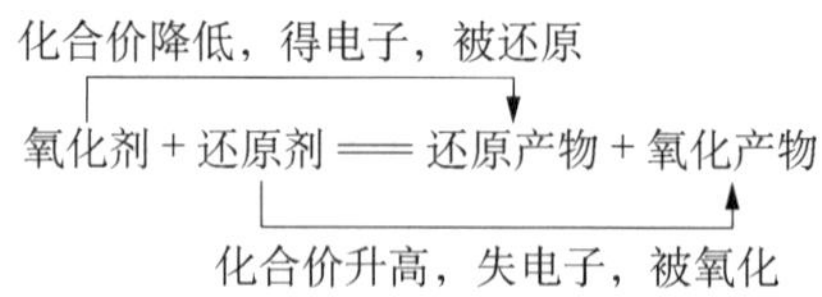

【板书】二、常见的氧化剂与还原剂

1. 常见还原剂

(1) 金属：K、Ca、Na、Mg、Al

（2）含低价金属阳离子的化合物：$FeCl_2$

（3）某些非金属单质：C、H_2

（4）含有较低化合价元素的化合物：HCl、H_2S、KI、SO_2

2. 常见氧化剂

（1）活泼非金属：O_2、Cl_2、Br_2

（2）含高价金属阳离子的化合物：$FeCl_3$

（3）含某些较高化合价元素的化合物：H_2SO_4、HNO_3、$KMnO_4$、MnO_2

【设计意图】变化观念和平衡思想这一化学学科核心素养渗透到教学每一环节中。化合价是变化的，但是电子转移是守恒的。教师设置问题情境，学生交流与讨论，教师再做演示，通过抢答、板演的形式，既活跃课堂气氛，又促使学生参与小组合作学习。然后教师再设置更深层次的问题，引领学生深度思考，挖掘知识，拓展思维。在“动静结合”中完成对知识的理解和掌握，注重对学生科学探究和创新意识化学学科核心素养的学习和引导。

5. 氧化还原反应中电子转移的表示方法

【学生观察】对比表示电子转移的两种方法，归纳总结这两种方法的特点有何不同。

（1）双线桥法——表示电子得失结果　　（2）单线桥——表示电子转移情况

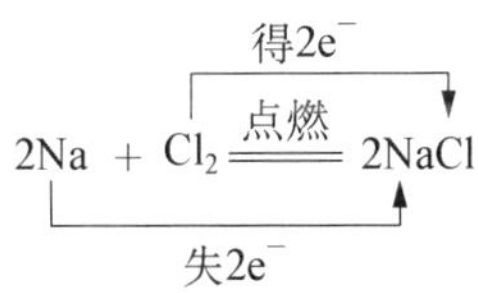

双线桥

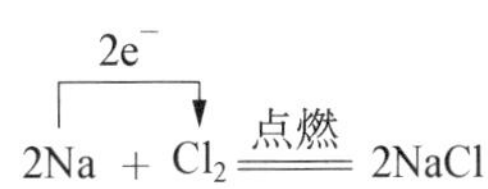

单线桥

【学生填空】

表 3.3

表 示 方 法	双 线 桥 法	单 线 桥 法
方向	____物→____物	____物→____物
箭头两端元素	两端对准____变价元素	____电子的元素→____电子的元素
“桥”上	注明电子的____或____以及____	只注明____

【学生小结】

(1) 书写电子转移的一般步骤：一标化合价，二画线桥，三注电子转移数。

(2) 电子守恒规律：在氧化还原反应中，氧化剂得电子总数等于还原剂失电子总数。

即表现为：化合价降低总数等于化合价升高总数。

【结束语】氧化还原反应与工农业生产、科学技术、日常生活密切相关。它对我们人类既有贡献又有害处，比如我们酿酒、燃烧都利用氧化还原反应，铁生锈、易燃物自燃等也同样是氧化还原反应。我们在学习本节内容之后就可以充分避免氧化还原反应的危害，最大限度地利用它为人类服务。

【设计意图】学生先阅读课本，自主学习氧化还原反应配平的方法，然后教师随机抽取三名同学去板演书本练习，接着小组成员对三位同学的展示结果做出评价，借助这种学习形式，培养学生自学能力，而且通过对比、评价，迅速做到查缺补漏，提高课堂学习效率。这对培养学生的变化观念和平衡思想有极大的推动作用。通过独立思考、小组内交流、小组间讨论，让他们自己去发现，去分析，去整理，去归纳。学生从愿意学习到喜欢学习，从被动记忆到主动思考，实现质的飞跃。最后让学生了解氧化还原反应在社会生产生活中的应用，重视科学精神和社会责任的养成教育。

教学反思

每次教学，我都想这节课能给学生留下些什么呢？是单纯的学科知识，或是抽象的思维模型，还是知识与社会的关系？这些都不完整。我想应该是留给学生思考的兴趣和能力，让社会生活打开学生学习学科知识的眼界，感受世界之美；让学科知识打开学生看世界的思路，享受学习之乐；让缜密的思维来完成这些的完美结合，提升对学科和世界的理性认识和理解，为今后学生创造知识和世界提供可能。

现在提倡高效课堂，不单单追求高分数，更注重以学生为中心，充分开放且充满活力，能够满足学生未来发展所需要的基础知识和基本技能。在以后的教学中，我必须坚持以学生为中心，以问题为导引，以实验为媒介，以此提高学生的化学学科核心素养，增强学生的创新精神和实践能力。

著名特级教师斯霞老师在总结她 70 多年的教学经验时说："敬业、爱生，我认为是教师职业道德的核心，也是成长为好教师的关键。我一辈子信奉这四个字。”多么朴实的话语，字字是真理，斯霞老师的话语深深地触动我的内心，我喜欢教师这个职业，也希望在这个岗位上发展自己，实现自我价值。在今后的工作中以“敬业、爱生”作为座右铭，热爱职业，爱护学生。每一棵树木因为土壤、光线、养料的不同，会长成不同的形状。同样的，学生的内心都是一个独特的世界。我们要想改变他，应在尊重他的基础上走近他，关心他，爱护他，让学生在我们爱的滋润下茁壮成长。

同行评价

整堂课思路清晰，环节紧凑，重难点突出，设计合理。教师善于激发学生的学习欲望，学生情绪高涨，兴致勃勃，课堂气氛活跃。能活用教材，大胆放手让学生参与对氧化剂和还原剂的探究。在本节课的教学中，给学生充分从事化学探究活动的时间和空间，使学生能自主探索，亲身实践。注重学生自主探索，利用对比法渗透氧化反应和还原反应思想。

通过小组交流，利用集体的智慧来解决问题，通过学生间的相互交流、相互补充，让学生深刻地理解氧化还原反应的本质。比如在配平氧化还原反应时，要求学生将掌握的方法如电子守恒和原子守恒用于解题实践，培养学生思维的灵活性、流畅性，开发学生智力，提高学生的解题水平。

教学建议：问题的设置要凸显学生的个性发展，在原有知识的基础上进行变式训练，进行深层次的探究，及时进行归纳总结，给学生提供知识框架。

专家评价

雍世伟（铜山区郑集镇中心中学，中学特级教师）

教学设计充实，学情诊断明确。在整个高中化学教学中，氧化还原反应的学习属于螺旋式上升的内容。教师在教学过程中循序渐进，注重对学生思维能力的培养，教师通过氯化钠的形成过程为例，利用原子、离子结构示意图等示例引导学生理解电子的转移和化合价变化之间的关系，内容流畅有序，培养学生的微观想象和逻辑推理的能力。

教师点拨到位，注重能力生成。教学以氧化还原反应为载体，深化单线桥及双线桥的使用，教师及时精准点拨，发展学生符号表征的能力。通过生活的实例，肯定化学对社会发展的重大贡献，培养学生的科学精神与社会责任意识。

教学建议：合理安排教学的容量，传授的知识不宜过多，否则不利于学生吃透课堂教学内容，建议适当调整教学内容。彰显宏观辨识与微观探析，以铁与稀硫酸反应为例，可设计简单的原电池，让学生感知电子的转移。

课例 6 原电池

乔潇潇（徐州市铜山中学）

一、教学内容分析

1. 教材分析

本节课内容位于苏教版高中必修化学 2 专题二第三单元第一节，是电化学学习的基础内容，也是核心内容，是氧化还原反应的拓展和延伸，是能量转化的体现，为以后学习金属腐蚀与防护打下基础。通过对原电池的原理和组成的认识和理解，既可以加深对氧化还原反应的理解又可以用此原理解释很多生活、生产、科学研究中的问题，在培养学生宏观辨识与微观探析、科学探究与创新意识、科学态度与社会责任等方面也有很好的指导作用。因此学好本节知识，具有比较重要的意义。本节课利用课外资料、图片、视频等资源，为学生创设问题情境，例如电到底如何产生的？引起学生求知的欲望，然后通过实验验证、多媒体动画演示等方式，用氧化还原反应的观点解释原电池的原理，进而认识和体会化学能转化为电能的过程。通过实验对比、归纳得出构成原电池需要的条件，突破本节教学上的重难点。通过动手实验，制作水果电池，理论联系实际，体会原电池原理在生产、生活中的应用。

2. 学情分析

学生在之前学习了金属活动性顺序、电解质溶液、氧化还原反应、能量的转化等相关知识，有一定的基础，利用学生的求知欲，设计问题情境和创新实验，培养学生从微观角度理解宏观现象的意识，使学生在理解和掌握原电池的原理和组成方面相对容易些，在学习过程中发现问题、分析问题和解决问题的能力得以提升。

二、教学与评价目标

1. 教学目标

（1）从氧化还原反应的角度初步认识原电池的工作原理。

（2）会判断原电池的正负极。

（3）能够运用原电池原理解释一些常见的现象，感受化学与生活的密切联系，提升学生科学态度与社会责任核心素养。

2. 评价目标

（1）通过对原电池反应的现象观察，从宏观与微观相结合的视角分析与交流，诊断学生对于反应原理的理解、认识水平。

（2）通过对原电池形成条件的分析与归纳，诊断学生归纳判断能力与水平，发展学生证据推理能力。

（3）通过对生活中原电池现象举例与分析，诊断学生理解与应用水平。

三、教学重难点

原电池反应原理和组成。

四、教学方法

实验探究法：利用原电池反应原理实验，引导学生认真观察、思考、分析。

归纳法：通过对比、归纳总结原电池形成条件正负极的判断方法等。

五、教学过程

学习活动一：情境导入

师：展示图片　生活中的闹钟、手机、电动车、电脑等，大家认识这些物品吗？它们在我们的生活中无处不在，而且有个共同点就是都需要电，倘若没有电的时候我们该怎么办？像手机我仍得充电，若用其他方式充电可行吗？

播放视频　大量的柠檬用导线连接给手机充电。

生：思考　为什么这个装置会产生电？

【过渡】带着这些问题我们展开今天的学习。

【设计意图】创设情境，让学生了解电在生活中不可或缺的地位和用途，设下疑问，提高学生的求知欲，培养严谨求学的科学态度。

学习活动二：观察与思考

分组实验

【实验 1】把一块锌片、铜片同时插入稀硫酸溶液中，锌片、铜片上各有什么现象？

【实验 2】将锌片、铜片上的导线相连再放入稀硫酸溶液中，锌片、铜片上各有什么现象？导线间接一电流计，指针是否偏转？

师：通过以上实验，观察并回答实验现象有哪些？

生：实验 1 现象：锌片上有气泡产生，铜片上没有明显现象。

【实验结论】锌片与稀硫酸反应生成氢气，铜片与稀硫酸不反应。

生：实验 2 现象：锌片逐渐溶解，铜片上有气泡产生，电流计指针发生偏转。

师：为什么会有这样的现象？我们一起来分析实验 1。

师：写出锌片上发生的离子反应方程式。

生：$Zn + 2H^{+} = Zn^{2+} + H_2\uparrow$

师：这个反应的类型是什么？反应过程是怎样的？

生：氧化还原反应，锌失去电子，氢离子得到电子变成氢气。

师：结合实验 1，思考实验 2 中为什么连接导线以后锌片溶解的同时，铜片上有气泡产生？

生：锌比铜活泼，易失电子。氢离子在铜片附近得到电子，生成氢气。

师：锌片失去电子，转移到铜片上。我们来观看动画演示，请根据动画演示描述这一过程。

生：锌作为活泼金属容易失去电子变成 Zn^{2+}，发生氧化反应；电子从负极流出经过外电路到正极。在铜电极上，溶液中的 H^+ 得到电子，生成 H_2，发生还原反应。

师：溶液中阴阳离子的移动方向呢？

生：阳离子 Zn^{2+} 和 H^+ 向正极移动，阴离子 SO_4^{2-} 向负极移动。

师：像这样把化学能转化成电能的装置，我们叫做原电池。请同学们明确原电池反应原理的过程，理解电子流向？离子移动方向？电流流向？

生：电子：负极(Zn)→正极(Cu)；

离子移动方向：阳离子→正极，阴离子→负极；

电流：正极→负极。

【设计意图】学生自己动手实验，更直观地观察实验现象，发展学生分析现象、推出合理实验结论的能力。在化学宏观层面观察到实验现象能通过微观探析加以辨别。如锌逐步溶解-锌失去电子变成锌离子进入溶液；而微观氢离子得到电子生成宏观可看到的气泡。微观和宏观结合的视角有助于学生深入理解氧化还原反应的本质是电子的转移，理解原电池反应原理。通过多媒体动画的演示能形象地把电子和离子的微观运动呈现出来，使得化学能向电能的转化过程更加直观。

学习活动三：归纳与总结

正负极的定义和特点(以上述“锌—铜—稀硫酸原电池”为例)：

表3.4

电极材料	电极	电极反应式	氧化或还原反应
Zn片	负极	$Zn-2e^- = Zn^{2+}$	氧化反应
Cu片	正极	$2H^+ + 2e^- = H_2\uparrow$	还原反应
电池总反应式	两极得失电子数要相同，两极反应式相加 $Zn + 2H^+ = Zn^{2+} + H_2\uparrow$		

投影该表，然后总结比较快的同学在黑板上写出来。

[探究推理]

铜-锌原电池的 H_2SO_4 溶液变为 $CuSO_4$ 溶液，现象是什么？

生：思考完成表格。

表 3.5

电极材料	电极反应式	实验现象	电极
Zn 片	$Zn - 2e^- \xlongequal{} Zn^{2+}$	逐渐溶解	负极
Cu 片	$Cu^{2+} + 2e^- \xlongequal{} Cu$	逐渐加厚	正极
电池总反应式	$Zn + Cu^{2+} \xlongequal{} Zn^{2+} + Cu$		

师：像这种简单的原电池的负极材料和电解质溶液发生氧化还原反应，那么怎样判断它的正负极呢？

生：讨论、归纳。

【PPT 展示】1. 根据电极本身的活动性判断：负极：一般活动性强的金属；正极：活动性弱的金属或非金属(石墨等)。

2. 根据电极上的现象判断：负极：溶解或质量减少；正极：有气泡或质量增加。

3. 根据电极的反应类型判断：负极：发生氧化反应；正极：发生还原反应。

4. 根据电子、电流流向判断：电子：负极→正极；电流：正极→负极。

5. 根据离子移动方向判断：阳离子向正极移动，阴离子向负极移动。

【设计意图】在实验过程中不断发现，不断探索，能够在尊重事实和科学依据的基础上，对实验方案进行创新性优化，培养学生创造思维能力。结合学生已学的金属活动性、原电池原理等知识，总结原电池正、负极的判断，培养学生团队精神，小组合作探究，锻炼学生的逻辑思维和表达能力。

学习活动四：思考与交流

【PPT 展示】科学史：伏打电池的由来。

师：结合电池原理及化学史话，根据所提供材料及试剂，设计组装一个原电池。

生：成果展示。

师：我们发现有些小组音乐贺卡没有成功响起，说明原电池没有组装成功。要想成功组装，需要了解形成原电池的条件，请大家总结一下。

生：小结形成条件：①活动性不同的两个电极；②有电解质溶液；③两极、电解质溶液要构成闭合回路；④在电极上发生自发的氧化还原反应。

检测练习：下列装置可以形成原电池的是(　　)。

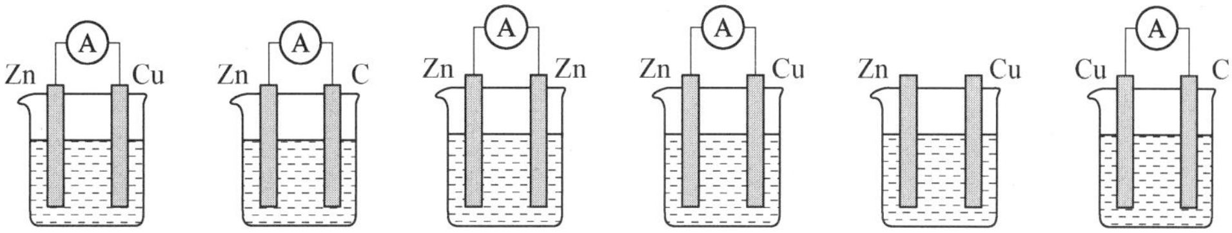

硫酸铜　稀硫酸　硫酸铜　酒精　硫酸铜　硫酸铜

A　B　C　D　E　F

“动动手”设计原电池：根据已有材料：番茄、铜电极、锌电极、导线，电流计等组装实验，观察指针偏转情况。

【设计意图】引入科学史，激发学生学习和科学探究，体会科学家的伟大发明对我们生活产生的影响和深远意义。通过实验对比分析，讨论并归纳构成原电池的条件，培养学生观察能力和逻辑思维能力，加深对原电池构成条件的理解，突破难点。根据生活实际设计简单的实验，自己动手完成实验操作，提高学习兴趣，增强学生自主学习的能动性，培养实验操作能力。理论联系实际，运用所学知识解决生活中的问题。

学习活动五：理解与运用

师：原电池原理在生活中应用比较广泛，阅读教材 41 页“资料卡”，第一个应用钢铁的腐蚀对生产生活有着较大的影响。思考什么叫电化学腐蚀？钢铁为什么会被腐蚀？

生：看书交流得出结论。

学生书写有关的电极反应式：

负极 (Fe)：$2Fe - 4e^- = 2Fe^{2+}$（失去电子，被腐蚀）

正极 (C)：$O_2 + 2H_2O + 4e^- = 4OH^-$（被保护）

师：钢铁防护的方法有哪些？

生：交流讨论：

在钢铁的表面：涂油、刷漆等；

钢铁的防护：如铁轮船上连一块比铁活泼性强的金属，如锌；

改变金属内部结构：如制成不锈钢等。

【设计意图】以资料阅读的形式锻炼学生提取信息的能力，自主思考与知识整合的能力。根据原电池原理，解释钢铁的生锈等现象，联系生活实际，解决金属的防护等问题，引导学生关注与化学相关的社会问题，培养学生科学态度与社会责任。

【课堂小结】

生：学生自我小结

师：本节课我们通过一系列的实验探究活动，认识原电池反应原理及形成条件，联系钢铁的电化学腐蚀进一步认识原电池反应的实质是氧化还原反应，原电池反应实现了化学能向电能的转化，其实生活中在我们身边有很多的原电池，同学们要爱生活，也要爱化学。

【设计意图】培养良好的学习习惯，发挥自我评价的作用，进一步培养学生的语言组织和表达能力。

教学反思

本节课从学生生活经验和已有知识出发，联系日常生活中经常用的各种电池、音乐卡片、电动玩具、电子手表等，通过实验的观察、微观探析氧化还原反应的本质，帮助学生理解、掌握原电池的概念、原理及组成；在分组实验中，学生自己动手实验，不仅能观察到明显的实验现象，还能直接获得知识探索的体验，有利于培养学生的交流、合作能力；对于形成原电池的条件，考虑到学生知识迁移能力和概括能力不是很强，单纯的讨论可能无法回答，让学生通过实验获得直接经验，通过对比分析，归纳得出原电池形成的四个条件；根据已有材料制作水果电池以及生活中常见的金属腐蚀相关内容，让学生觉得化学就在我们身边，从而激发学习兴趣，启迪学生思维。在教学过程中问题的设计要有层次，教学中应及时创设问题情境，引导学生对实验现象进行分析，同时利用一些启发性的问题，增强学生分析总结问题的能力。

同行评价

创设真实的问题情境，促进学生学习方式的转变。通过“伏打电池的发明”，引出问题。学生通过实验探究，得出结论，培养学生怀疑批判的精神、科学的思维方法以及勇于攀登、坚持真理、知难而进的精神。

突出化学学科特点——实验教学。通过锌-铜-稀硫酸装置的分组实验，有效地培养了学生观察对比现象和总结归纳现象的能力；通过分析实验，有效地培养了学生逻辑思维能力和语言表达能力；通过预测、观察、对比、分析、归纳、得出构成原电池的条件结论，提升和发展中学生的化学学科素养。借助生活中常见的材料，例如番茄，设计实验并动手验证，增强学生学习化学的兴趣。

充分发挥学生的主体作用和教师的辅助作用。通过课堂讨论的方式，营造自主设计、自主学习和自主探究的学习气氛。通过合理设计习题，巩固新知识，对学生进行情感态度及价值观方面的教育。引导学生利用所学知识，例如金属的防护措施，解决实际生产生活中的问题，感受学习化学的重要性。

专家评价

雍世伟（铜山区郑集镇中心中学，中学特级教师）

教学定位精准，教学思路清晰。教师以真实情景导入教学，通过实验探究认识到化学能可以转化为电能，初步认识原电池反应原理。教师在教学的处理上有前瞻性，通过伏打原电池的分组实验，更深刻地理解原电池反应原理；通过原电池工作原理、原电池构成条件、原电池在实际中的应用为主线完成教学，教学主线清晰明了，符合学生的认知规律。

素养渗透有效，能力培养有效。教师在组织原电池构成条件的教学时，以伏打电池的雏形切入教学，引导学生从不同层次对电极材料、电解质溶液等进行分类。教学中教师注重时时引导学生，基于证据对原电池的结构提出可能的假设，并通过分析推理加以证实或证伪。运用分析、推理的方法研究原电池的本质特征及构成要素间的相互关系，树立建模的思想和证据推理意识。

教师主导明确，学生主体凸显。教师在教学中给学生充足的动手探究和留白时间，所预设的问题均通过学生的探究和思考获取，教学中教师并未越俎代庖，而是通过引导学生对实验的观察、分析，帮助学生理解、掌握学习内容。整节课的教学，学生基本上是在教师的精心预设下开展，充分彰显教师主导、学生主体的课堂教学模式。

教学建议：凸显符号表征，可以安排学生在氧化还原反应单线桥或是双线桥基础上书写电极反应式。新课导入略显冗杂，有冲淡教学主题之感。

课例 7　元素周期律

姚彦川(邳州市议堂中学)

一、教学内容分析和设计思路

元素周期律是学习化学的重要理论工具,是高中化学的重要教学内容之一。通过对元素周期律的学习,可以帮助学生对已学元素及化合物知识进行综合归纳,由感性认识上升到理性认识;另外本节内容出现大量的数据、图表,可以借此培养学生分析数据、解读图像等解决问题的综合能力。

本节内容理论性和探究性较强,教学上要针对学生的实际情况,先有针对性地复习原子核外电子排布规律的有关知识,并在此基础上引导学生观察 1～20 号元素核外电子排布的共同点和不同点,分析最外层电子数、原子半径、主要化合价等数据,找出具体的变化规律;结合探究实验与有关非金属氢化物的材料,分析原子得失电子的难易程度,总结出金属性与非金属性的变化规律。

二、教学目标

1. 理解元素周期律的含义,能从电子层排布、原子半径、主要化合价与元素金属性与非金属性等角度表述和解释周期性变化。

2. 理解元素周期律的实质,认识元素周期律是原子电子层排布周期性变化的必然结果。

3. 提升分析和解决问题的能力,初步体会元素周期律在认识物质结构上的应用,产生对自然科学探究的欲望。

三、教学过程

1. 复习展示,问题导入

【问题展示】复习回顾原子核外电子排布的规律。

师：在原子中，核外电子排布遵循哪些原则？

生：①电子在原子核外尽量先排在能量最低的电子层；②每个电子层最多能容纳的电子数为 $2n^2$ 个；③最外层最多只能容纳 8 个电子；④如果 K 层是最外层时最多只能容纳 2 个电子。

师：很好，现在请同学们根据核外电子排布的规律画出 11～17 号元素原子的核外电子排布示意图。

生：画图，组内同学互相检查。

师：仔细观察七种元素原子的核外电子排布示意图，你发现它们有什么共同点？

生：电子层数相同，都有 3 个电子层。

师：再画 1 号、11 号和 19 号元素原子的核外电子排布示意图，观察它们又有什么共同点？

生：最外层电子数相同，都是 1 个电子。

【设计意图】表面上是复习原子核外电子的排布规律，实则是引导学生发现同一周期、同一主族元素原子核外电子排布的共同点，为元素周期律的学习打下基础。

2. 按图索骥，微观探析

师：下图是 1～18 号元素原子最外层电子数随着核电荷数的递增变化图，你从中发现什么规律？

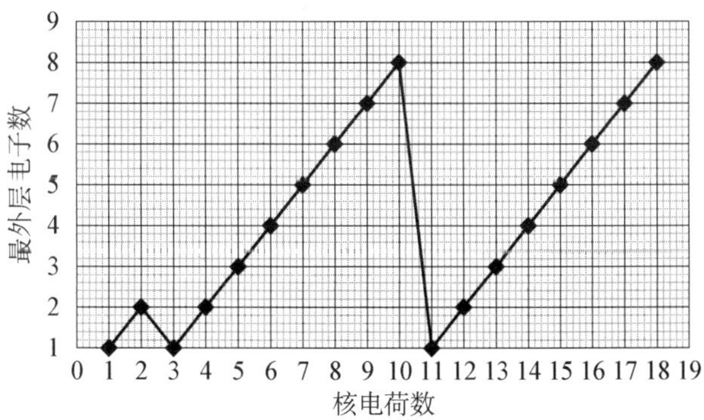

图 3.6　原子最外层电子数随核电荷数的递增变化图

生：最外层电子数先是从 1～2，然后是从 1～8，最后又是从 1～8 有规律地变化。

师：化学上把这种变化称为周期性变化，由此可见最外层电子数随着核电荷数的递增呈现周期性变化。

师：继续观察原子的模型图，你又有什么发现？

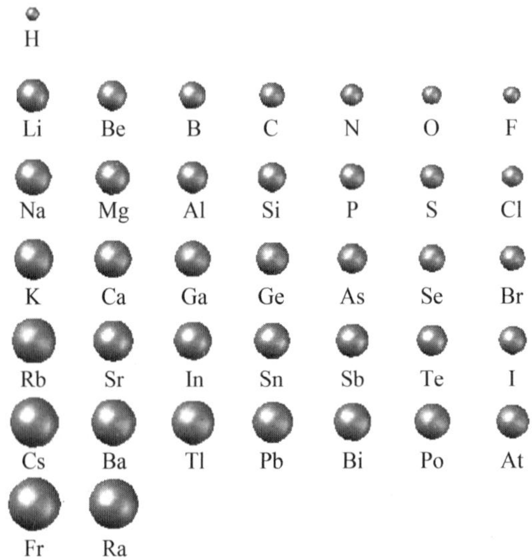

图 3.7

生：同一横行，从左向右逐渐变小，同一纵行，从上向下逐渐变大。

师：影响原子半径的因素主要是电子层数与核电荷数。依据同一横行、纵行原子结构的异同，讨论在同一横行、同一纵行里影响原子半径的因素分别是什么？

生：同一横行电子层结构相同，影响原子半径的因素是核电荷数。核电荷数越大，对外围电子的吸引能力越强，原子半径就越小。

生：同一纵行最外层电子数相同，电子层数逐渐变多，影响原子半径的因素是电子层数，电子层数越多，原子半径越大。

师：结合图示，我们可以形象地理解原子半径的变化规律。

【设计意图】通过对图像的解读和分析，形象地表征微观粒子半径的变化规律，结合影响原子半径大小的因素和核外电子排布的变化规律，让学生真正理解元素周期律在原子半径方面的表征。

3. 证据推理，拾级而上

师：原子半径、最外层电子数随着核电荷数的递增呈现周期性变化，元素的化学性质与最外层电子数密切相关，那元素的性质是否也呈现周期性变化呢？

师：先阅读材料，学习金属性与非金属性强弱的比较方法。

材料：(1)元素的金属性可以从其最高价氧化物的水化物的碱性强弱，或与水、酸反应置换出氢气的难易程度来判断。(2)元素的非金属性可以从其最高价氧化物的水化物的酸性强弱，或与氢气生成气态氢化物的难易程度以及氢化物的稳定性来判断。

师：借助实验台上的仪器与药品，完成以下实验，并比较钠、镁和铝的金属性强弱。

实验 1：取一小块金属钠，用滤纸擦去表面的煤油，放入盛有水的烧杯中，反应结束后滴入 2 滴酚酞试液，观察现象。

另取一小段镁条，用砂纸擦去表面的氧化膜，放入试管中，然后向试管中加入少量的水，并滴入 2 滴酚酞试液，观察现象。过一会加热试管至水沸腾，继续观察。

师：实验中你观察到什么现象？得到什么结论？

生：钠与冷水剧烈反应，镁几乎不与冷水反应，加热时才会与水缓慢反应，因此钠比镁更容易与水反应。从酚酞试液的颜色变化看，钠和水反应后生成的氢氧化钠碱性更强，由此得出钠的金属性比镁要强。

实验 2：取一小段镁条和铝条，用砂纸去除表面的氧化膜，分别放入两支试管，再各加 2 mL 1 mol/L 盐酸，观察实验现象。

师：实验中你又观察到什么现象？得到什么结论？

生：两支试管中都产生气泡，镁条中产生气泡的速率大于铝条中的，由此得出镁的金属性比铝要强。

师：我们知道氢氧化钠是强碱，氢氧化铝是两性氢氧化物，而氢氧化镁是一种中强碱，再综合两个实验的结论可知三种金属的金属性强弱的顺序是：钠＞镁＞铝。

师：那非金属性呢？请结合材料进行分析。

材料：见下表。

表 3.6

	Si	P	S	Cl
单质与氢气反应的条件	高温	磷蒸气与氢气能反应	加热	光照或点燃时发生爆炸而化合
最高价氧化物对应的水化物(含氧酸)酸性强弱	H_2SiO_3 弱酸	H_3PO_4 中强酸	H_2SO_4 强酸	$HClO_4$ 强酸(比硫酸酸性强)

生：结合元素非金属性的比较方法和表中有关信息可知：

非金属性：$Si < P < S < Cl$

师：由此看来 11～17 元素从左向右，金属性逐渐减弱，非金属性逐渐增强。对其他横行元素性质的研究中也发现了类似的规律。

师：在大量事实的基础上归纳出其中的规律：元素的性质随着核电荷数的递增而呈现周期性变化，这就是元素周期律。

【设计意图】通过具体的实验探究验证三种金属的金属性强弱，培养学生的证据意识与动手能力。在非金属性强弱的比较上，进一步通过事实材料培养学生的证据意识，全面分析金属性和非金属性的变化规律。

4. 凸显应用，落实责任

师：元素周期律的发现是 19 世纪化学科学的重要成就之一，它揭示了元素原子核电荷数递增引起元素性质周期性变化的事实，极大地推动了人们对物质世界的认识。元素周期律对人类的生产生活产生了哪些积极的影响？

生：元素周期律可以指导人们探究新物质的结构，预测元素及其化合物的性质，寻找或合成具有特殊性质的新物质等。

【设计意图】元素周期律是化学史上不朽的丰碑，在体会化学发展史艰辛的同时，认识到科学的发展给人类生活带来的进步，积极认识化学学科的社会价值与实用价值。

教学反思

元素周期律属于化学基础理论，内容抽象，理论性强，其实质是揭示微观结构和宏观性质之间的联系。从教学流程看，本节课以原子核外电子排布的复习导入新课，在基础中衔接展开，拓展新知，过渡自然，符合学生的认知规律；以元素周期律的应用收尾，落实化学学科的实用理念与育人功能。教学过程中注重培养学生解读图表和图像的能力，训练学生用数学方法解决化学问题的意识。实验环节上，通过对金属性变化规律的实验验证，培养学生实际动手能力，促进学生探究意识的形成。从课堂反应情况来看，学生能基本接受元素周期律的理论描述，但不能很好地将其内化，不能很好地理解微观结构与宏观性质之间的联系，尤其是原子结构与原子半径的关系，学生反馈的情况不是很好。

同行评价

本节课重难点突出，目标全面、准确、具体。对教材把握透彻，挖掘深入，知识处理别致，能够设计各种活动引导学生去探究学习。虽然元素周期律的知识比较抽象，但是元素性质的周期性变化规律，能通过实验探究和资料、图表进行分析得到，例如该课例让学生去动手实验获取结论，根据现象分析总结出元素金属性的周期性变化规律。

姚老师通过大量的资料、图表数据分析总结出其他周期性的变化规律，帮助学生透过现象看本质。运用宏观和微观相互转化等方式将抽象的知识形象化、简单化，充分培养学生知识概括能力，启发学生动脑、动口、动手，主动进行探究学习，并实现由感性认识上升到理性认识，同时也能让学生以元素周期律为理论依据，来探索学习更多的化学知识。

专家评价

雍世伟（铜山区郑集镇中心中学，江苏省特级教师）

本节课姚老师设计流畅、重点突出、主线分明。充分利用教学资源，直观呈现 1～18 号原子最外层电子数随着核电荷数的递增变化的图像和原子的模型图，学生在分析对比中学习新的知识，有效培养学生的读图、识图能力。呈现非金属单质的相关资料，让学生进一步了解非金属性，主动发现、分析规律，从而得出正确的结论。

注重以生为本。学生是教师教学的主要载体，是课堂教学的主要接受者。课堂效果的高低取决于学生掌握的情况。姚老师很注重以生为本，让学生主动思考、主动发现、主动发问、主动参与、动手画图、动手实验等，充分调动学生的积极性，培养学生的实验分析能力和通过现象分析本质的能力。整节课从问题的导入、微观探析、证据推理到凸显应用，层层递进，环环相扣，注重培养学生的化学学科素养。

第4章　元素化合物知识教学课例

无机元素化合物的性质及其应用是化学科学的主要研究对象，元素化合物的知识与教学，是化学课程的重要内容①。学生通过学习元素化合物知识提升"宏观辨识与微观探析""证据推理与模型认知的素养"，同时"科学探究与创新意识""科学态度与社会责任""变化观点与平衡思想"等素养也会相应地发展。

教师在设计元素化合物教学时可参考以下教学设计思路②：

1. "元素化合物作为知识载体"的教学设计

当元素化合物成为化学学习的知识载体时，教学定位就应该将建立化学概念、理解化学理论、形成化学方法作为第一教学重点，将元素化合物知识的学习作为第二教学重点。例如，"探究铁及其化合物的氧化性或还原性"的教学，应侧重于"探究"。铁及其化合物只是借以"搭建支架"或"提出真实问题"的素材，教学核心是让学生建立认识物质氧化性或还原性的思路与方法。

2. "认识元素化合物的性质与应用"的教学设计

学生通过学习元素化合物知识能够认识常见物质的性质，了解典型物质与生产生活的密切关系。在教学过程中，对物质性质的认识、探究及应用成为教学重点。教学设计要以问题探究为重点，帮助学生构建知识体系。问题是教学的灵魂，学生就是在

---

① 王磊，郭晓丽，王澜，商晓芹，张俊华. 元素化合物认识模型及其在复习教学中的应用——以高中《化学1》"金属元素及其化合物"单元复习为例[J]. 化学教育，2015(5)：15—21.

② 相佃国. 元素化合物教学的定位与设计[J]. 化学教育，2015(5)：26—29.

不断发现问题和解决问题的过程中完成学习的。结合化学实验、物质的性质及应用等进行问题开展探究教学是帮助学生构建知识体系的有效教学方法之一。密切联系生产生活实际，让学生体验化学学习的价值。以生产、生活为主线的教学设计，能够激发学习兴趣，有利于培养学生的“科学探究与创新意识”“科学态度与社会责任”等素养，成为元素化合物教学的主要思路。

课例 8　铁的化合物的应用

张艳（睢宁县第一中学）

一、教学内容分析和设计思路

在初中阶段的学习中，学生已经对铁及其氧化物的性质有所了解，对于铁及其化合物在实际生产、生活中的应用有感性的认识基础，为进一步学习新的知识奠定基础。通过对 Fe^{2+} 与 Fe^{3+} 的检验和转化实验的探究，总结出 Fe^{3+} 的基本检验方法，为前面的实验和氧化还原反应补充感性认识的材料，同时帮助学生掌握学习化学的一些基本方法，使其能认识到化学在改善人类生活条件等方面所起的作用，增强学生的责任感。

设计这节课意在着重培养学生的实验动手能力、对知识的运用能力及总结归纳能力，教学过程中学生主动学习，尝试运用所学的知识和方法来观察和理解生活中的问题。通过验证实验、探究实验引导学生思考、掌握相关知识点，通过让学生人人动手参与实验，正确分析各种现象，培养学生的合作精神。

这节课充分利用学生已掌握的事实材料作为学习新知识的支点，采用“引导—探究”的教学模式，通过创设情境引导学生深入学习铁的氢氧化物和铁盐；采用“问题教学”的方式，在学生实验操作和进行实验探究时设计大量的问题，不断启发学生思维，使学生主动思考和理解问题，发挥其综合知识的运用能力和归纳能力，同样培养他们的创新性思维。在教学的过程中，发挥学生主体作用和教师主导作用，真正发挥“两个主体”的效果，体现现代教学的思想。

二、教学目标

1. 采用实验探究的方法，掌握 Fe^{2+} 、Fe^{3+} 的性质及其相互转化的条件，提升分析问题和解决问题的能力。

2. 学会用图示法自主构建铁的不同价态相互转化的关系。

3. 通过实验探究验证假设的科学研究方法，体验合作探究的过程，掌握科学探究的方法。

4. 认识化学与人类生产、生活的密切关系，体会铁及其化合物的使用对人类生产、生活及人类身体健康的重要作用。

三、教学过程

1. 情境设置

【展示图片】苏州的“粉墙黛瓦”的建筑、故宫的红色宫墙。

师：苏州建筑的特点是粉墙黛瓦，黛瓦是指青瓦，即黑色的瓦。这些砖、瓦和涂料有的是青黑色，有的是红色，主要是因为这些材料中都含有铁的氧化物。

【展示图片】FeO、Fe_2O_3、Fe_3O_4 的固体图片和三种氧化物的化学式。

【学生活动】学生观察三种物质的颜色和状态，并回答三种氧化物中铁元素的化合价。

师：请同学们书写 FeO、Fe_2O_3 分别与盐酸反应的离子方程式。

【学生板演】$FeO + 2H^+ = Fe^{2+} + H_2O$　$Fe_2O_3 + 6H^+ = 2Fe^{3+} + 3H_2O$

【设计意图】通过展示苏州的建筑，增强学生对建筑文化的了解，同时介绍常用的建筑材料砖、瓦、涂料等呈现红色和黑色是因为含有铁的氧化物，使学生认识到化学物质在生活中的重要应用，拉近学生与化学物质的距离；同时，带领学生复习铁的氧化物的一些性质，为本节课的学习奠定基础。

2. “Fe^{3+} 的检验”教学

【PPT 投影】现有 A、B 两个试剂瓶分别盛装的是 $FeCl_3$ 溶液、$FeCl_2$ 溶液，利用已有知识判断 A、B 两个试剂瓶中分别装的是什么溶液？

生：浅绿色的是氯化亚铁，黄色的是氯化铁。

师：这种方法对鉴别浓度较大的溶液有效，如果两种溶液浓度较小时，就不便于观察溶液的颜色了，有没有其他的鉴别方法？

【实验探究】取两种溶液各 1 mL 于试管中，分别逐滴加入氢氧化钠溶液各 0.5 mL。

【学生活动】学生分组完成探究实验，观察实验现象，根据实验现象得出鉴别方法。

生：向 $FeCl_3$ 溶液中滴加氢氧化钠溶液时，有红褐色沉淀生成，说明氯化铁与氢氧化钠溶液反应生成氢氧化铁沉淀；而向氯化亚铁溶液中滴加氢氧化钠溶液后，生成灰绿色沉淀，说明氯化亚铁与氢氧化钠溶液反应生成氢氧化亚铁沉淀。

师：$Fe(OH)_2$ 是灰绿色吗？我们再来探究一下。用长胶头滴管吸取煮沸过的 NaOH 溶液，滴加到氯化亚铁溶液液面以下。

师：同学们观察到什么现象？

生：产生白色沉淀，但很快就变成灰绿色。

【追问】产生白色沉淀，说明 $Fe(OH)_2$ 是白色的。为什么白色沉淀会变为灰绿色呢？

生：可能是 $Fe(OH)_2$ 被 O_2 氧化。

师：是否真如同学们猜测的那样呢？我们一起来验证一下：这是老师课前收集好的一瓶氧气，现在用注射器抽取氧气并将氧气注入到灰绿色沉淀中，请同学们仔细观察实验现象。

生：灰绿色最终变成红褐色。

师：同学们观察得很认真。将变色的沉淀放置一段时间后，沉淀也会全部变成红褐色。请试着写出氢氧化亚铁氧化为氢氧化铁的化学方程式。

【学生板演】$4Fe(OH)_2 + O_2 + 2H_2O \xlongequal{} 4Fe(OH)_3$

师：为观察到氢氧化亚铁白色沉淀，也可以将氢氧化钠溶液煮沸后，用长胶头滴管吸取氢氧化钠溶液滴入到氯化亚铁液面以下。

【视频播放】氢氧化亚铁的制备。

【PPT 投影】分别向 $FeCl_2$ 溶液和 $FeCl_3$ 溶液中滴加 2～3 滴 KSCN 溶液，观察现象，做好记录。

师：请按投影上的操作完成实验。

生：KSCN 滴入到 $FeCl_3$ 溶液中变成血红色，滴入到 $FeCl_2$ 溶液中无明显现象。

师：通过实验得出，NaOH 溶液和 KSCN 溶液都可以区别 $FeCl_3$ 溶液和 $FeCl_2$ 溶液，哪一种方法更灵敏呢？

生：KSCN 溶液。

师：通过刚才的学习，哪位同学能总结一下 Fe^{3+} 的检验方法？

生：有三种方法：观察两种溶液的颜色；滴加硫氰化钾溶液；加入氢氧化钠溶液。

【PPT 展示】归纳总结。

【设计意图】通过演示实验、学生实验、实验探究、学生分析、总结归纳等形式让学生成为课堂的主体。在设计这节课时，注重的是引导学生的独立思考能力和培养学生的归纳总结能力。

3. “Fe^{2+} 与 Fe^{3+} 的转化”教学

师：我们知道 $Fe(OH)_2$ 可以转化为 $Fe(OH)_3$，Fe^{2+} 能转化为 Fe^{3+} 吗？请说明理由。

生：因为 Fe 由 +2 到 +3 价，化合价升高，被氧化，需要加入氧化剂。

师：请大家根据桌面上的药品，小组讨论设计出可行的方案。

【学生活动】讨论并设计转化方案。

生：向氯化亚铁溶液中滴加 KSCN 溶液，再加入氯水或双氧水。

师：预期的现象是什么？

生：溶液变成血红色。

师：开始验证你的猜想。

【学生活动】分组实验验证。

【PPT 展示】$Fe^{2+} \xrightarrow{\text{氯水、}H_2O_2} Fe^{3+}$

师：请写出 Fe^{2+} 与氯水反应的离子方程式。

生：$2Fe^{2+} + Cl_2 = 3Fe^{3+} + 2Cl^-$

【过渡】Fe^{2+} 能转化为 Fe^{3+}、Fe^{3+} 能转化为 Fe^{2+} 吗？请说明理由。

生：Fe 由 +3 到 +2 价，化合价降低，被还原，需要加入还原剂。

师：请设计出可行的实验方案。

【学生活动】讨论并设计转化方案。

生：向血红色溶液中直接加入铁粉或维生素 C。

师：预期的实验现象是什么？

生：血红色消失。

师：请通过实验验证你的方案。

【学生活动】分组实验验证。

结论：血红色消失说明 Fe^{3+} 已转化为 Fe^{2+} 。

【PPT 展示】$Fe^{3+} \xrightarrow{\text{铁粉、维生素 C}} Fe^{2+}$

师：请写出 Fe 与 Fe^{3+} 反应的离子方程式。

【学生板演】$Fe + 2Fe^{3+} = 3Fe^{2+}$

【PPT 展示】“铁三角”。

师：通过之前的学习我们知道 Fe 与 Fe^{2+} 、Fe^{3+} 之间也能相互转化，请同学们课后查阅相关资料，寻找“铁三角”之间的相互转化条件。

【设计意图】这部分内容主要采用师生共同讨论、归纳知识与学生实验探究相结合的教学模式，通过回顾前面学习的知识，找出铁与不同物质反应后产物的不同与氧化剂强弱的规律，并通过实验探究 Fe^{2+} 、Fe^{3+} 的性质以及 Fe^{2+} 、Fe^{3+} 的相互转化关系，从而帮助学生构建“铁三角”关系。引导学生体验科学探究的过程和方法，养成从化学的角度观察、分析化学现象，了解物质知识学习的思维特点。

4. “Fe^{2+} 与 Fe^{3+} 转化的应用”教学

师：展示 $FeCl_2$ 溶液，实验室在配制 $FeCl_2$ 溶液时，为什么常常加入少量的铁粉？

生：防止 Fe^{2+} 被氧化。

【过渡】Fe 元素在人体中是以 Fe^{2+} 离子的形式存在，Fe^{2+} 易被人体吸收，而 Fe^{3+} 不易被人体吸收。

【PPT 展示】补铁药剂说明书。

师：补铁药中铁元素以什么形式存在？

生：亚铁离子。

【追问 1】本品为薄膜衣片，除去薄膜衣后显暗黄色。药片为什么要用薄膜衣包裹？

生：防止 Fe^{2+} 被氧化。

【追问 2】“维生素 C 与本品同服有利于本品吸收”，这是为什么？

生：防止 Fe^{2+} 被氧化，也可以将已经氧化的 Fe^{3+} 还原为 Fe^{2+}。

【PPT 展示】印刷电路板的图片和工业上制作印刷电路板的原理。

【活动探究】用毛笔蘸取 $FeCl_3$ 溶液，在铜片上书写“化学”，放置一分钟后，再用蒸馏水将铜片上的溶液冲到小烧杯中。

【学生活动】分组完成活动探究。

师：请同学们试着写出该反应的离子方程式。

【学生板演】$Cu + 2Fe^{3+} = 2Fe^{2+} + Cu^{2+}$

【当堂检测】完成学案上的检测题。

【设计意图】铁的化合物在生活和生产中的应用，充分体现了元素化合物与自然界和社会生活的密切联系。通过这部分内容的学习，可以促使学生深入了解铁的化合物，为在日常生活中合理利用这些物质、提高生活质量打下良好的基础；还可以促使学生认识到化学在生产中的广泛应用及在日常生活问题解决过程中的重要作用，从而产生进一步学习化学的强烈愿望。通过当堂检测，可以了解学生在本节课中的学习效果。

师：通过本节课的学习，你的知识宝库中又增添了哪些知识？

生 1：我知道了 Fe^{2+} 和 Fe^{3+} 的颜色以及它们的检验方法。

生 2：我学到了 Fe^{2+} 和 Fe^{3+} 之间在一定的条件下可以发生转化。

生 3：我了解到 Fe^{2+} 和 Fe^{3+} 之间的转化在日常生活和工业生产中有重要应用。

【设计意图】通过学生总结，可以使学生再次回顾本节课的内容，了解学习的重点。

教学反思

这节课以苏州的“粉墙黛瓦”为情境，自然地引出了铁的氧化物，既能使学生复习以往所学知识，又能令学生感到化学知识“接地气”，同时，还能调动学生参与课堂学习的积极性和主动性。在分组实验中，学生通过亲手操作，不仅能体验到化学的神奇，也能在直观感受中带着问题思考，尤其是学生自己设计的实验方案是否能行之有效更令他们兴奋。在实验方案的设计、实验操作和讨论交流中，学生体验到成就的喜悦，这种喜悦是深层次的精神愉悦，会令学生们终生难忘。

课堂教学以学生为中心，采用探究式教学，合作式学习，尽可能多的让学生思考、操作、分析、书写、总结，把课堂学习的主动权交还给学生，使学生真正成为学习的主人，而这一点也恰恰是许多教师“不放手”和学生“不动手”的地方。我始终相信学生，相信他们的能力，我也坚信“给学生一点空间，他们会还你一个世界”，学生的潜力是无穷的，作为教师，就是要把学生的潜力激发出来。在讲授“Fe^{2+} 与 Fe^{3+} 转化的应用”时，还是将化学与生活、工业结合在一起，使学生认识到化学对生活和工业的重要意义，当然，这也符合化学学科核心素养的要求。

这节课的知识容量比较大，但是由于学生在课前已经预习，对本节课的主体内容有了一定的了解，所以这节课的课堂比较紧凑，基本完成教学目标。

同行评价

张辉老师点评：教学环节紧凑，合理把握重点，突破教学难点。从学生熟悉的事物提出问题，激起学生学习的兴趣，进一步体会到化学学习与现实生活紧密联系，知识来源于生活，并在生活中得以应用。教师提供丰富的内容，在整个教学过程中给予学生比较充分的自主探究机会，让学生在活动中学习、提升。

刘妍老师点评：教师能按照课程标准和教学内容的体系进行有序教学，完成知识、技能等基础性目标，同时还注意学生发展性目标的实现。能合理组织学生自主学习、合作探究，对学生的即时评价具有发展性和激励性。学生能够自学的内容，教师让学生自学；学生能够自己表达的，教师鼓励学生去表达；学生自己能做的，教师放手让学生去做，体现了教师良好的课堂驾驭能力。

专家评价

朱怀义（睢宁县第一中学，中学特级教师）

本节课教学目标是在研究化学学科核心素养的基础上确定的。教师始终紧紧围绕 Fe^{2+} 和 Fe^{3+} 之间的转化设计教学任务和学生活动，符合“宏观辨识与微观探析”“证据推理与模型认知”的素养要求。学生在设计 Fe^{2+} 和 Fe^{3+} 转化方案的过程中，能够联系氧化还原反应，理解 Fe^{2+} 和 Fe^{3+} 转化的实质，提出 Fe^{2+} 和 Fe^{3+} 之间转化的条件，进一步设计实验方案。在此过程中，培养学生实验探究、团结合作的学习精神，并且在整节课的教学中，通过学生多次参与实验的设计、操作和分析，提升学生的科学探究精神和创新意识。在本节课开始时，通过生活中常用的建筑材料砖和瓦引入新课，在讲授亚铁离子与铁离子转化的应用时，介绍补血剂和工业制印刷电路板的相关知识，将化学知识与健康生活、工业生产联系起来，这样的设计充分体现了化学学科核心素养中的“科学精神与社会责任”。教师能够运用多种方法启发诱导学生思考、探究，充分体现出教师的主导作用和学生的主体地位。

课例 9　硫和含硫化合物的相互转化

张宇（睢宁县高级中学）

一、教学内容分析和设计思路

1. 教材分析

“硫和含硫化合物的相互转化”是苏教版化学 1 专题 4 第一单元第三节的教学内容，本节内容安排在“二氧化硫性质和作用”“硫酸的制备和性质”之后，既归纳和整理了“硫和含硫化合物性质”；又深化和应用了“物质的分类与转化”“氯、溴、碘及其化合物”和“氧化还原反应”知识点；教材的目的是通过本课时的学习，初步形成硫及其化合物之间相互转化的知识网络体系，探寻含硫物质相互转化的内在规律，为后续学习含氮元素化合物知识奠定基础。

2. 学情分析

(1) 在此内容之前，学生已完成了物质的分类、氧化还原反应、一些元素化合物的知识包括硫的一些重要化合物（如 SO_2、硫酸）的知识的学习，具备一定的知识基础。

(2) 在前面的学习过程中，学生已经完成一些探究或验证实验，具备了一定的动手能力，能够相互合作完成本节课的实验探究活动。

(3) 高一年级的学生一般在 16 岁左右，思维敏捷、活跃。比较喜欢动手做实验，但缺乏正确的科学探究方法。因此，可以通过实验探究活动加以培养。

3. 设计思想

本节课的设计内容是苏教版化学 1 专题 4 第一单元“硫和含硫化合物的相互转化”，知识体系具有很强的逻辑性和系统性。学生之前已经学习了 SO_2 的性质和作用、硫酸的制备和性质，但学生没有综合归纳过这部分知识点。教材将本节内容安排在第三课时，可以进一步促使学生对含硫化合物知识进行巩固、概括和整合，同时还可向学生渗透学习元素化合物的方法。因此，在教学设计中要重点突出如何建立含硫物质之间的相互关系，引导学生构建元素化合物学习的价态观和物质分类观。在进一步研究教学内容与化学学科核心素养的基础上，决定从氧化还原和化合价变化、物质分类等知识点入手，运用二维坐标图、实验等方法，科学、直观、形象地演绎教学内容及其要求。课堂要“以生为本”，重点培养学生自我建构知识的能力。

二、教学目标

1. 从硫元素价态的变化角度理解不同含硫物质之间的相互转化，初步了解影响它们转化的因素。

2. 掌握相同价态和不同价态含硫物质之间的转化概括总结含硫物质的化学性质，具备依据物质的内在联系整理归纳化学知识的能力。

3. 通过对含硫物质的分析-综合-再分析-再综合的循环过程，学会逻辑分析与综合归纳的科学方法。

三、教学重难点

教学重点：硫和含硫化合物相互转化的规律，构建含硫物质相互转化的知识网络图。

教学难点：构建知识网络图。

（硫和含硫化合物知识网络模型构建借助化学学科理念：实验思想、分类思想、转化思想，通过问题探究、迁移训练的方法予以突破）

四、教学方法

问题探究,启发建模,小组活动。

五、教学过程

环节一　情境引导,展示含硫矿物图片

【图片展示】含硫矿物的图片。

师:硫和含硫化合物早已被人熟知并应用,比如朱砂,红色晶体 HgS,在古代一些炼丹师会把它炼制成仙丹进献给皇帝。还有雄黄,听说过它的用途吗?

生:雄黄酒。

师:没错,在古代人们利用它泡酒来驱赶毒蛇。雄黄还有一近亲,是雌黄,听说过吗?

生:没有。

师:你们有没有听说过,有一成语叫信口雌黄,就来源于此,大家课后可以查阅辞典了解一下成语的意思和出处。

【展示图片】除了雄黄、雌黄,自然界中还存在许多其他含硫矿石。黄铁矿,又称硫铁矿,可用于工业制硫酸。重晶石,主要成分是 $BaSO_4$,在医学上 X 射线检查时用作钡餐。还有石膏 $CaSO_4 \cdot H_2O$,用作补血剂的绿矾 $FeSO_4 \cdot 7H_2O$,用于净水的明矾 $KAl(SO_4)_2 \cdot 12H_2O$,用作缓泻剂的 $Na_2SO_4 \cdot 10H_2O$。

【设计意图】情境引入,展示一系列漂亮清晰的含硫矿物图片,吸引学生的注意力,调节课堂气氛,激发学生学习化学的兴趣和热情。

师:大自然带给我们如此丰富的含硫化合物,有没有带给我们硫单质呢?

生:有,在火山口附近或地壳岩层里有硫磺存在。

师:展示实物"硫粉",并取少量加入水中。

生:观察现象,得出结论:硫是一种淡黄色、不溶于水的固体。

环节二　分类观指导，剖析变化规律

【过渡】请同学们回忆之前学习的知识，尝试写出一些含硫化合物，并对其进行归类，说明归类的依据。

生 1：根据化合价分为 -2，0，+4，+6，对应的物质分别有 H_2S、Na_2S、S、SO_2、H_2SO_3、Na_2SO_3、SO_3、H_2SO_4、Na_2SO_4、$BaSO_4$ 等。

生 2：根据物质类别分为气态氢化物、单质、氧化物、酸和盐，对应的物质分别有 H_2S、S、SO_2、SO_3、H_2SO_3、H_2SO_4、Na_2SO_3、Na_2SO_4、$BaSO_4$ 等。

师：根据物质类别和硫元素的化合价两个维度，将学生提出的含硫物质建构在一张二维坐标图上。

【设计意图】将课本“交流与讨论”中直接让学生按化合价书写含硫物质的编排思路加以改变，引导学生发散思维，充分利用已学知识建构新知识，初步建立分类思想。

环节三　变化观指导，建构知识网络

师：根据所学知识，我们知道 S 可以转化为 SO_2，那其他的含硫化合物之间是如何转化的呢？

师：请同学们利用所学化学知识来解决生产生活中的实际问题。

【PPT 投影】硫酸厂排放的尾气中含大量的 SO_2，对环境污染严重。变废为宝，请你设计将硫酸厂尾气中 SO_2 转化为石膏（$CaSO_4 \cdot 2H_2O$）的生产路线。

生：分组讨论，汇报结果。

第一组：$S \rightarrow SO_2 \rightarrow SO_3 \rightarrow H_2SO_4 \rightarrow CaSO_4 \rightarrow CaSO_4 \cdot 2H_2O$

第二组：$S \rightarrow SO_2 \rightarrow CaSO_3 \rightarrow CaSO_4 \rightarrow CaSO_4 \cdot 2H_2O$

第三组：$S \rightarrow SO_2 \rightarrow H_2SO_3 \rightarrow H_2SO_4 \rightarrow CaSO_4 \rightarrow CaSO_4 \cdot 2H_2O$

第四组：$S \rightarrow SO_2 \rightarrow CaSO_4 \rightarrow CaSO_4 \cdot 2H_2O$

师：大家回答地很好！我们在设计工业生产路线时，还需要考虑到生产效益，请选出其中较优化、较适宜的生产路线。

生：分析、评价方案，挑选优化路线。

【小结】综上可见，$S \rightarrow SO_2 \rightarrow SO_3 \rightarrow CaSO_4 \rightarrow CaSO_4 \cdot 2H_2O$ 路线更好些。

【设计意图】通过此问题，学生可以认识到从 SO_2 到石膏（$CaSO_4 \cdot 2H_2O$）的转化过程，涉及硫元素化合价（+4 价到 +6 价）和物质类别（酸性氧化物到盐）的变化。学生可以感受到“物质是可以相互转化的，每种含硫物质都可以作为一个点，他们之间的相互转化就是一条条的线，点线结合就构成一张人类利用硫元素的网络图”，进一步升华本节课的重点内容。

【转折】上述方案中 S 由 0 价逐步上升至 +6 价。那能否以 H_2SO_4 为原料制得 SO_2，来降低硫元素化合价呢？

生 1：浓 H_2SO_4 与金属单质 Cu、Zn 等反应制 SO_2。

生 2：浓 H_2SO_4 与非金属单质 C、S 等反应制 SO_2。

生 3：还可以利用浓 H_2SO_4 与 Na_2SO_3 反应制得 SO_2。

【追问】非常不错！那 SO_2 能否继续还原为 S 呢？

生：分组讨论，汇报交流。

生 1：SO_2 转化为 S，硫元素的价态由 +4 降为了 0，体现了 SO_2 的氧化性，这一过程应加入 H_2S 这样的还原剂加以实现。

师：非常好，请你到黑板上写出此反应方程式。

【补充】实现 SO_2 转化为 S 这一过程，除了 H_2S，Na_2S 也能实现，另外钠、镁、钾等活泼金属在 SO_2 中燃烧也可能获得单质硫。

师：同学们完成得很好！既然 $H_2SO_4 \leftarrow SO_2 \rightarrow S$，那么 Na_2SO_3 呢？

【PPT 投影】实验室有一瓶久置的 Na_2SO_3，不知道是否变质，是部分变质还是完全变质？请利用所给试剂设计实验方案并加以验证。

拟选用试剂：Na_2S 溶液、Na_2SO_3 溶液、$BaCl_2$ 溶液、溴水、酸性高锰酸钾溶液、稀盐酸。

生：分组讨论、汇报结果。

生 1：取少量待测液于试管中，向其中加入过量 $BaCl_2$ 溶液，再滴加稀盐酸。若产生白色沉淀且加酸后白色沉淀不溶解，则完全变质；若白色沉淀部分溶解，则部分变质；若白色沉淀全溶解，则未变质。

生 2：取少量待测液于试管中，向其中加入过量稀盐酸，再滴加 $BaCl_2$ 溶液。若有刺激性气味气体生成且产生白色沉淀，则部分变质；若只有白色沉淀产生，则完全变质；若只有刺激性气味气体生成，则未变质。

师：大家回答的都很好！验证 Na_2SO_3 有没有变质，就是检验其中是否含有 SO_3^{2-}、SO_4^{2-}。刚才大家提出的方案中有涉及 SO_4^{2-} 的检验，而 SO_3^{2-} 的检验，大家想到了利用 Na_2SO_3 的弱酸盐性质，利用强酸制弱酸原理，只要有 SO_2 产生，说明试剂中就存在 SO_3^{2-}。那大家想想看，还有没有其他的方法可以检验 SO_3^{2-} 的存在？

生 1：取少量待测液于试管中，向其中加入 Na_2S 溶液，再滴加 $BaCl_2$ 溶液。若有淡黄色沉淀和白色沉淀，则部分变质；若只有白色沉淀产生，则完全变质；若只有淡黄色沉淀生成，则未变质。

生 2：取少量待测液于试管中，向其中加入溴水或酸性高锰酸钾溶液，若褪色，则含有 SO_3^{2-}，再滴加 $BaCl_2$ 溶液，若有白色沉淀产生，则部分变质；若没有白色沉淀产生，则没有变质。若不褪色且滴入 $BaCl_2$ 溶液后有白色沉淀产生，则完全变质。

师：大家的思路都打开了，回答的很棒！实验是化学的最高法庭，大家的推测是否正确呢？请刚才回答方案的四组领取实验器材，亲自验证一下吧。

生：分组实验，验证猜想，记录实验现象，得出结论。

【设计意图】巩固氧化还原反应知识，提升学生实验设计能力，让学生在探究实验的过程中自主构建知识。

【小结】通过 SO_2 和 H_2S，Na_2SO_3 和 Na_2S 溶液混合等实验，说明不但 SO_2 能被还原为单质硫，H_2S 也能被氧化成单质硫。SO_2、H_2S 则可以通过 Na_2SO_3、Na_2S 和酸等反应制得（见图 4.1）。

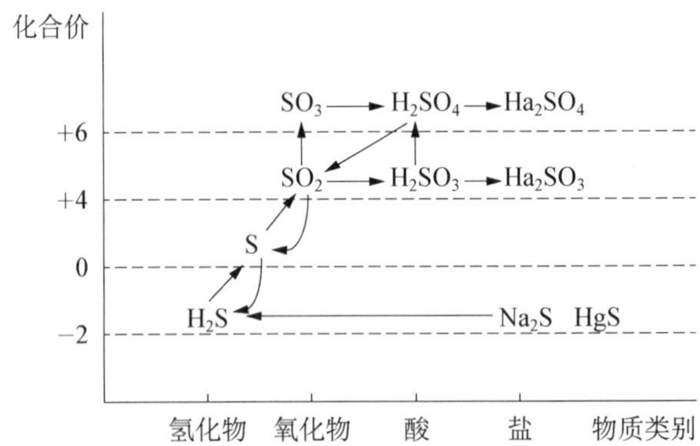

图 4.1　含硫物质之间的相互转化

【转折】从反应类型角度看，我们应如何实现同价态和不同价态含硫物质间的转化？

生：通过氧化还原反应可以实现含有不同价态硫元素的物质之间的转化；通过非氧化还原反应可以实现含有相同价态硫元素的物质之间的转化。

【设计意图】二维坐标图的构建可以使学生更好地认识含硫物质之间的转化规律。

【转折】既然如此，我们又该如何用硫单质制备 -2 价含硫化合物呢？

生：Na、Fe、Hg、H_2 等。

环节四　价值观指导，了解实际应用

师：的确如此。在一定条件下，硫单质能与许多金属单质化合。学习了这么多含硫物质间的相互转化，大家能举例说明“含硫物质间相互转化”在生产生活中有哪些应用吗？

生 1：工业接触法制硫酸也能实现硫的相互转化。

生 2：燃煤脱硫。

生 3：实验室制备二氧化硫。

生 4：实验室可以利用硫粉除去温度计不慎打碎时洒落的汞。

……

师：大家讨论得很热烈。请大家完成 P_{94}“交流与讨论”第 2 题。

生：请一位学生上黑板板演。

【设计意图】从化学到生活，让学生进一步体会到化学源于生活，服务于生活。

师：同学们完成得很好！当然除了人类在生产生活中实现了硫的转化，自然界中也存在着含硫物质间的相互转化。

【PPT 投影】自然界中不同价态硫元素间的转化。

师：自然界通过火山喷发产生的含硫物质在大气、地表及地下实现了不同价态硫元素之间的转化，形成在本节课之初看到的丰富多彩的含硫矿物。

【设计意图】使学生发现不仅生产及生活中存在含硫物质的转化，大自然火山喷发也实现了硫的循环，激发学生“化学家眼中的物质世界”的视角，意识到“物质是可变的，是可以相互转化的”。

环节五　基本观念指导，布置研究性学习作业

【总结】让我们归纳总结，回顾整堂课你有哪些收获？

生：讨论、分享。

师：感谢你们的分享，有的收获了知识，有的收获了学习元素化学的方法，有的在实验过程中体会到反应条件对反应的重要性及要注意实验细节。

师：同学们，构建网络图是学习元素化合物的重要方法之一。请你在课外完成一份研究性学习作业：构建一张拥有自己特色的硫和含硫化合物相互转化的网络图。

【设计意图】激发学生学习化学的兴趣，鼓励学生创新思维，提供一种元素化合物知识的学习方法。

教学反思

本节课教学设计依据新课程倡导的“从生活走进化学，从化学走向社会”的化学教学理念。从自然界中精美的含硫矿石图片，处理二氧化硫尾气生产实例出发，创设真实的教学情境，进而提出问题、引发思考，同时锻炼学生的思维能力、合作能力及动手能力，使做、学、问相结合，学以致用，三者相互促进。

本课在教学上采用“问题链”教学法，以“你知道哪些含硫化合物”等一系列问题进行含硫化合物的相互转化探索，从学生已有知识(物质分类观、氧化还原反应)出发，结合 SO_2、浓 H_2SO_4 性质，利用二维坐标图建立知识网络图，层层深入探讨含硫化合物的相互转化，学会探寻含硫物质的相互转化的内在规律。

在“Na_2SO_3 有哪些化学性质”这一问题环节中，利用探究实验“实验室有一瓶久置的 Na_2SO_3，不知是否变质及变质程度”，引发学生对 Na_2SO_3 性质的探究，并对此进行评价。旨在提升学生观察、分析、解决问题的能力，形成科学的实验观。

本节课将元素化合物知识的学习融入生产生活应用之中，让学生用物质分类观、价态观、转化观分析问题，学会建构硫及其化合物之间转化的知识网络关系。引导学生从旧知迁移到新知，从茫然应用到理性思考，帮助学生逐步建构学习元素化合物的思维范式。

整个课堂设计环环相扣，步步深入，同时尽可能多地体现化学学科核心素养的应用。

同行评价

方老师评价：张老师的这节课构思独特、手段新颖，利用二维图巧妙地把两种分类糅合到一起，引导学生分别从氧化还原反应和复分解反应的角度探究相互间的转化关系，突出了本节课的主体；通过亚硫酸钠是部分还是全部变质的实验探究设计，既提升了学生的综合素质又强化了知识重点。教学过程中，点拨到位、收放自如，展现了非常扎实的基本功底。

苗老师评价：运用大量唯美图片展示自然界中硫元素的存在，导入新授课，课堂学习生活化；课尾引导学生交流讨论"含硫物质的相互转化在生产生活中的应用"，首尾呼应突出课题。建立二维坐标图对含硫元素的物质进行归类，知识建构逻辑化。学生分组探究活动，在"操作—观察—释疑—交流讨论"中茅塞顿开，获得科学结论，把实验作为发现问题、提出问题、探究问题、解决问题的重要途径和手段，有利于提升学科素养。

专家评价

佘勇（睢宁高级中学，中学高级教师）

本节课张老师以化学学科基本观念的分类观、转化观、实验观等为指导方向，从学生思维发展、方法的学习和学科观念的建构出发，并结合具体事例和学生实际来构建本节课教学的基本策略。把核心教学目标准确定位在分类观、转化观和实验观等学科基本观念及研究元素化合物知识一般方法的建立和应用上，凸显对学生化学学科核心素养的培养。在这节课上张老师注重引导学生从不同角度认识含硫物质，使学生形成合理的、基本的物质分类观和转化观。

本节课的另一亮点在于张老师利用问题链将含硫物质间的相互转化知识点融入课堂，并设计亚硫酸钠性质的探究实验，巧妙地把学科观念的生成转化为探究实验过程。探究实验中，先让学生探索亚硫酸钠是否变质，然后引导学生进一步探究变质程度，最后总结亚硫酸钠有哪些化学性质，小组交流讨论，提高课堂教学的实效性，凸显探究实验的教学功能。

张老师把教材内容结合实际做了二次开发，并没有将元素化合物性质、转化直接归纳讲解，而是结合实际将知识点作为暗线融入课堂，使学生在解决问题的过程中学习含硫物质的性质，建立物质的分类、转化观。张老师的课堂衔接过渡自然，教学流程环环紧扣、顺理成章。

课例 10　氯气的性质

朱洪（睢宁第一中学）

一、教材分析和学情分析

1. 教材分析

在高中阶段，化学 1 专题 2 的内容是学生首次接触的元素化合物知识。本专题不仅涉及氯、溴、碘、钠、镁等多种元素及化合物知识，也蕴藏着研究学习元素及其化合物的方法。故而本专题不仅为后续元素化合物学习提供一定的基础，更为后续的选修模块的学习提供不可缺少的知识和学习方法。

本专题第一单元首先选择氯气作为研究对象。作为典型的非金属元素，教材主要从氯气的物理性质、氯气的化学性质、氯气的制取方法和用途等方面系统介绍。这种安排为学生提供了探究物质性质的科学方法，同时有利于培养学生缜密的科学态度和良好的思维习惯。

2. 学情分析

之前学生已经学习氯气的工业制法和实验室制法，并学习了实验方案的设计，因此具有一定的实验方案设计能力。本节课所涉及的探究实验主要是试管操作，易于完成；同时现象明显，容易观察并得出相应的结论，因此在探究过程中，学生具有比较高的积极性和主动性。

二、教学目标

知识与技能：掌握氯气的物理性质；掌握氯气的化学性质，锻炼实验设计和操作能力，提高现象分析能力；掌握漂白粉的制备原理。

过程与方法：知道化学实验探究的一般过程与方法，知道化学实验是研究和认识化学物质的重要途径。初步学会通过观察、分析实验现象和参与课堂讨论等途径发现并提出问题，能够应用所学的知识解决一些简单的实际问题，学会从多媒体材料和文本材料中筛选信息并进行交流。

情感态度与价值观：树立关心生活、关心社会的态度，具有环境保护的意识，体会实验中的相互合作，学会与他人合作学习。

三、教学准备

学生：课前学生查阅课本、网上的资料进行知识储备和自主学习；班级学生分组。

教师：收集资料，设计问题并以课件形式展出；准备好分组实验仪器和药品。

实验仪器和药品：玻璃棒、玻璃棉、砂纸、镊子、火柴、酒精灯、针筒、有色布条、pH 试纸、饱和氯水、钠块、氯气、铁丝、铜丝、稀盐酸、$AgNO_3$ 溶液、HNO_3 溶液、5%NaOH 溶液。

四、教学过程

环节一：布置预习，分组展示所查网络资源

师：教师设计导学案，并根据学案内容，布置学生通过网络资源查找以下几个知识点：第一，氯气的发现历史，有关氯气中毒的事故；第二，查找氯气与石灰乳，与钠、铁、铜反应的视频；第三，查找氯气的用途。并将查阅资料分享在班级的学习群中，备用。

生：学生在学习群众分享所查资料，并在课堂中检验其预习情况。

【设计意图】让学生分组利用网络来查询教师分配的预习任务，不仅可以引导学生更健康地使用网络资源，让网络成为学生学习的助力、学习的工具；而且分组查阅，更可以让学生相互合作、相互交流。

环节二：根据预习点，检测学生预习情况

【展示】展示一瓶氯气，在瓶后衬一张白纸。

师：这是一瓶氯气，根据大家预习的知识，请各小组总结一下氯气的物理性质。

小组3：氯气是黄绿色有刺激性气味的有毒气体，密度比空气大，易液化，可溶于水，且易溶于有机溶剂。

师：密度比空气大，可以用哪种方法收集？易液化，说明什么？

小组2：可以用向上排空气法收集。易液化，说明氯气的沸点在气体中较高。

师：利用面前的化学仪器和药品，验证课本的三个实验：

（实验2）在集气瓶中放置一团玻璃棉，将两小块金属钠放在玻璃棉上，立即向集气瓶中通入氯气，观察现象。

（实验3）将两根细铁丝用砂纸打磨，螺旋绕于火柴棍上，用镊子夹住，在酒精灯上引燃火柴，稍停，待火柴快要燃尽时，置于盛有氯气的集气瓶中，观察现象。反应完毕，加少量水于集气瓶中，观察溶液颜色。

（实验4）用砂纸打磨铜丝，用镊子夹住，在酒精灯上加热至红热，放入盛有氯气的集气瓶中，观察现象。反应完毕，用洗瓶注少量水于集气瓶中。观察溶液颜色。

生：各小组组员分配任务，并参与实验。学生交流讨论归纳出相关结论。

小组1：实验2中钠在氯气中剧烈燃烧，产生大量白烟。

小组3：实验3中铁丝在氯气中剧烈燃烧，瓶里有棕褐色的烟。我们加水在集气瓶中，发现溶液呈黄色。所以我们认为铁被氧化为+3价态。

师：非常棒！铁和氯气反应，的确铁被氧化为正三价，这充分说明氯气氧化性非常强。

小组7：实验4中红热的铜丝在氯气中剧烈燃烧，瓶中充满棕褐色烟。我们加少量水在集气瓶中，溶液显现蓝绿色，再加足量水，溶液呈蓝色。

小组8：根据氯气与铁、铜反应，是不是可以说氯气与有不同价态金属反应均生成其最高价呢？

师：是的，总结到位。

【设计意图】通过实验验证，不仅可以检测各小组的预习是否到位，还可以让学生有意识地更深一步理解氯气的物理性质，氯气与钠、铁、铜的反应现象和实质。

环节三：重难点突破，突破氯气与水反应

【展示】新制氯水和久置氯水。

【实验探究】

（实验 1）将干燥的有色布条和湿润的有色布条分别放入两瓶干燥的氯气中，观察实验现象。

（实验 2）分别用玻璃棒蘸取新制的氯水和盐酸，滴在 pH 试纸上，观察比较现象。

（实验 3）在洁净的试管中加入 2 mL 新制氯水，再向试管中加入几滴硝酸银溶液和几滴稀硝酸，观察现象。

生：分组实验，并交流讨论氯气与水反应的产物有哪些？

小组 2：氯气与干燥的有色布条不反应，与湿润的有色布条发生反应，说明氯气与水反应，同时有具有漂白性的物质生成。

小组 4：氯水能使 pH 试纸先变红再褪色，说明有酸生成，也有漂白性物质生成。

小组 5：我们做实验 3 中发现有白色沉淀生成，说明溶液里有氯离子。

小组 7：我们综合以上小组的结论和预习的资料认为，氯气与水反应不仅有盐酸，还有次氯酸生成。即：$Cl_2 + H_2O \rightleftharpoons HCl + HClO$

师：产物 HClO 又具有哪些性质呢？

小组 9：我们预习知道次氯酸具有强氧化性，所以可以漂白有色物质。

小组 1：是的，HClO 也有酸性，同时具有不稳定性。它在光照时会分解成 HCl 和 O_2。

小组 2：我们的观点是组 9、组 1 的综合。即次氯酸具有不稳定性、酸性、强氧化性。

师：归纳很到位！既然 HClO 有不稳定性，有酸性，有强氧化性，那么新制氯水和长期久置的氯水肯定有区别，不同点有哪些呢？

生：小组讨论并归纳。

小组 2：新制氯水中有次氯酸，久置氯水没有。因为久置氯水中次氯酸分解了。

小组 4：新制氯水有漂白性。

小组 5：新制氯水酸性比久置氯水的酸性弱。

小组 3：我们综合以上小组的信息，发现新制氯水中有 Cl_2、H_2O、HClO、H^+、Cl^-、ClO^-。而久置氯水中主要成分就是盐酸。

师：是的。除此之外，新制氯水中还有 OH^-，这是水的微弱电离。

师：同学的分析能力很强。如果我们把氯气通入碱液中呢？请完成实验 4 的操作，并写出相关的化学方程式。

（实验 4）用一支针筒抽取 80 mL 氯气，然后抽取 20 mL 5%氢氧化钠溶液，振荡，观察实验现象？

小组 8：我们观察到，针筒中黄绿色的氯气逐渐消失不见。根据氯气与水反应的方程式，觉得氯气与氢氧化钠是这样表达的：

$$Cl_2 + 2NaOH = NaCl + NaClO + H_2O$$

师：要是把氢氧化钠改成石灰乳呢？化学方程式会写吗？

小组 10：我们类推：

$$2Cl_2 + 2Ca(OH)_2 = CaCl_2 + Ca(ClO)_2 + 2H_2O$$

【设计意图】氯气与水反应是本节课的重点和难点。为突破此环节，主要通过 3 个实验，让学生来推测氯气与水反应的产物。通过学生的探究实验，既锻炼学生动手操作能力，又提高他们集体合作能力，团队协作能力。在掌握氯气与水反应的实质后，后续实验 4，即探究氯气与氢氧化钠溶液反应，与石灰乳反应，更进一步培养学生知识迁移能力，真正做到活学活用。期间，我让各小组展示实验结果，点评实验结论，大大提高了学生参与的积极性，进而提高教学效果。

环节四：结合生活实际，了解实际应用

师：非常好。其实通常我们工业上的漂白粉就是通过氯气与石灰乳反应获得的。那么氯气在生产生活中还有哪些应用呢？

小组 6：通过我们查阅的资料，氯气不仅仅可以制造漂白粉，还可以用于自来水消毒。

小组 2：我们了解到氯气可以用于啤酒厂污水处理。

小组 1：在化学工业中用于生产各种氯化物，如次氯化钠、氯化铁、氯化铝等无机产品，还有氯乙酸、聚氯乙烯等有机产品。

小组 5：嗯，氯气还可以制多种农药，有机溶剂等等。

师：是的，氯气是一种重要的化工原料，在生产和生活中应用十分广泛。

【设计意图】联系生活，真正让学生感受到化学与我们生活息息相关，让学生体会化学在生活中的重要作用。

教学反思

本节课通过实验探究激发学生的学习兴趣，培养学生实验操作能力，同时锻炼学生的观察能力和分析问题的能力。同时本节课借助网络资源、网络平台开阔学生的视野，促进学生学习积极性，激活课堂气氛。但是由于一节课时间有限，实验量大，学生观察、记录、分组讨论后，交流分享的时间较少。如何做到课堂高容量而学生又能有充足的时间来探讨问题，这两者的矛盾一直是我无法解决的地方，有待以后不断地去努力寻找更加合理的方法！

同行评价

本节课学生的自主学习能力得到了充分体现。首先，学生利用网络资源自主查询教师设计的问题，并且相互交流、讨论、借鉴，达到自主预习的目的。其次，课堂上学生验证氯气与钠、铁、铜反应，小组成员间相互合作、相互讨论、相互交流，学生积极性很高，主动性很强。最后，在突破难点氯气与水反应的环节，学生结合实验讨论交流，小组间相互指出不足之处，重新归纳总结，场面激烈，学生的思维被充分地调动起来，真正表现了“我要学，我在思考”。总之，本节课学生的主体地位得到充分体现。

专家评价

朱怀义（睢宁县第一中学，中学特级教师）

理科教育的目的，不仅仅是传授基本知识和技能，更重要的是通过有效的教育、促进学生科学素养的提高。采用实验探究，小组合作教学模式意在最大限度提高学生的科学素质。

本节课教师首先能利用我们现在通用的网络资源，引导学生合理有效使用网络，借助网络上的图片、视频、文字来认识氯气，了解氯气的性质和应用，让学生印象深刻。其次，教师借助实验探究氯气与水反应的实质，利用实验探究新制氯水的组成成分。期间，个别学生还进行大胆设计和创新，不仅给课堂增添亮点，提高趣味性，更体现了化学学科核心素养中的实践层面上的“科学探究和创新意识”。借助氯气与水的反应原理，引导学生知识迁移至与碱反应，过渡自然，学生学以致用能力得到提高和增强。课堂中，小组合作充分调动了学生的学习积极性，课堂气氛活跃，师生关系融洽。最后，由漂白粉引入氯气在生产生活中的应用，让学生深切感受化学在生活中的作用，享受学习化学的快乐。在课程实施过程中，学生思维活跃、积极而投入，思维不断碰撞，有利于促进化学课堂“提高学生化学学科核心素养”总目标的实现。但是由于一节课时间有限，实验量大，观察、记录、分组讨论后，交流分享的时间较少，需要后续教学改进。

课例 11　常见的碱

姚彦川（邳州市议堂中学）

一、教学内容分析和教学思路

初中化学教材中关于碱类物质主要介绍了氢氧化钠、氢氧化钙和氨水等，在之前的化学学习中学生已经学习用澄清的石灰水检验二氧化碳，用浓氨水验证微粒的不断运动等。本节内容在原有的基础上继续系统学习碱类物质的性质和用途，为中和反应等知识的学习打下基础。通过本节课的学习，还可以指导学生通过比较的方法认识物质的性质差异，从而可以更好地认识物质的性质。

本节课通过演示实验验证氢氧化钠溶液和氢氧化钙溶液在吸收二氧化碳能力上的差异，引导学生分析产生差异的原因；借助分组实验探究氢氧化钠溶液、氢氧化钙溶液与硫酸铜溶液反应的现象差异，分析其原因从而培养学生的动手能力、分析问题和解决问题的能力。

二、教学目标

1. 认识氢氧化钠的吸水性和腐蚀性，了解其保存方法。

2. 能根据碱类物质结构上的共同点，结合实验事实解释常见的碱在化学性质上存在共性的原因。

3. 通过探究活动认识氢氧化钠、氢氧化钙化学性质的异同。

三、教学过程

1. 情境创设，感性认知

【视频导入】氢氧化钠腐蚀鸡爪。

师：从视频中可以看出氢氧化钠溶液具有很强的腐蚀性，对此你有什么看法？

生：用氢氧化钠做实验时要做好安全保护措施，以免出现安全事故。

师：用表面皿展示氢氧化钠固体，并引导学生观察表面的变化。

生：氢氧化钠固体表面出现潮湿，时间越长，潮湿程度越大。

师：因为氢氧化钠具有强烈的腐蚀性，皮肤上沾有浓的氢氧化钠溶液常常会有火烧般的灼热感，由此氢氧化钠也被俗称为烧碱、火碱或苛性钠。烧碱极易吸收空气中的水分而潮解，因此在实验室里要密封保存氢氧化钠固体。

【设计意图】通过视频中氢氧化钠对鸡爪有腐蚀作用的现象，让学生对氢氧化钠的强腐蚀性有初步认知，同时提醒学生使用化学药品尤其是强腐蚀的、有毒的化学药品要做好安全防范措施。除此之外对于易潮解、易挥发的药品要密封保存，以防变质。

2. 尊重事实，辩证思考

【分组实验 1】取一支洁净的试管，先加入少量蓝色的硫酸铜溶液，然后再逐滴加入氢氧化钠溶液，观察实验现象。

师：实验过程中，同学们可以观察到什么现象？

生：产生蓝色絮状沉淀，且随着氢氧化钠溶液的逐渐加入，沉淀逐渐增多。

师：换成氢氧化钾溶液也会出现相同的实验现象。

通过 PPT 展示氢氧化钠和氢氧化钾的化学式。

师：产生这一现象的原因是什么？

生：可能与其中的氢氧根离子有关。

师：蓝色沉淀是生成的不溶于水的氢氧化铜，请完成上述化学方程式。

生：在黑板上展示，同学之间互评。

【演示实验 1】在 2 个相同体积的无色矿泉水瓶中集满二氧化碳气体，分别向其中注入等体积的饱和氢氧化钠溶液和澄清的石灰水，振荡。

师：同学们看到什么现象？

生：矿泉水瓶都变瘪了。

师：哪一个瘪的程度大？如何解释？

生：可能是氢氧化钠溶液吸收二氧化碳的能力强，氢氧化钙溶液吸收二氧化碳的能力弱。

师：氢氧化钠溶液吸收二氧化碳的能力远强于氢氧化钙溶液，实验中常用氢氧化钠溶液吸收二氧化碳，但氢氧化钙溶液吸收二氧化碳会生成不溶于水的碳酸钙，现象非常明显，因此实验室常用氢氧化钙溶液检验二氧化碳。

【设计意图】通过分组实验、演示实验来探究碱的化学性质，发挥实验在探究物质性质中不可替代的作用，从而培养学生分析问题、解决问题的意识和能力。分组实验中认识到碱的性质与氢氧根离子有关，演示实验能体会到不同的碱有不同的化学性质，从而培养学生辩证分析问题的能力。

3. 追本溯源，微观探析

通过动画展示氢氧化钠在水溶液中解离成离子的过程。

师：模仿画出氢氧化钾在水溶液中解离的过程。在水溶液中它们都会产生的相同离子是什么？

生：氢氧根离子。

播放动画，展示氢氧化钠溶液和硫酸铜溶液反应的过程模型。

师：两种溶液中各含有不同的阴阳离子，此时阴阳离子重新组合，其中铜离子和氢氧根离子结合成氢氧化铜沉淀，剩下钠离子和硫酸根离子在溶液中。

【设计意图】引导学生通过分析物质组成的微粒来认识物质的性质，初步认识到化学变化的实质是微粒的参与与重新组合，物质所含微粒的种类影响或者决定物质的性质。让学生对碱类物质的性质由感性认知上升到理性认知。

4. 制造冲突，拓展认知

【分组实验 2】向硫酸铜溶液中逐滴加入澄清的石灰水，观察实验现象。

师：实验过程中，同学们仔细观察，除了有蓝色的沉淀外，还可以观察到什么现象？

生：除了蓝色絮状沉淀，还看到有少量白色的沉淀。

师：为什么同是碱类物质，与硫酸铜溶液反应实验现象却不一样呢？查阅资料发现少量白色的沉淀是微溶于水的硫酸钙造成的。

【设计意图】物质的组成和结构的差异是物质具有不同性质的内因，教学中尝试从物质组成上的共性和差异性上安排教学，可以更好地认识具体的物质。

5. 应用拓展，提升能力

【资料展示】氢氧化钡是一种易溶于水的白色粉末，碳酸钡、硫酸钡通常情况下都是难溶于水的。

师：从组成上推测氢氧化钡溶液具有哪些化学性质？用文字或者化学方程式表示。

【学生活动】学生小组讨论，形成方案，组内交流。

生 1：性质 1：可以使紫色的石蕊试液变蓝，无色的酚酞试液变红。

性质 2：可以吸收二氧化碳生成白色沉淀碳酸钡。

性质 3：可以与硫酸铜等溶液反应，生成蓝色的氢氧化铜絮状沉淀和白色的硫酸钡沉淀。

生 2：其中性质 2 和性质 3 可以用化学方程式表示为：

性质 2：$CO_2 + Ba(OH)_2 = BaCO_3\downarrow + H_2O$

性质 3：$CuSO_4 + Ba(OH)_2 = BaSO_4\downarrow + Cu(OH)_2\downarrow$

【设计意图】对于陌生的物质，先分析其组成，预测其可能具有的性质，然后通过理论或者实验验证，为后续物质性质的研究打下基础。在此基础上，实验探究能力得以提升。

教学反思

本节课从视频引入课堂,激发学生的学习兴趣。分组实验中学生能够近距离地感受到以氢氧化钠为代表的碱类物质的性质,调动学生学习的积极性,提高学生的课堂参与度。通过实验和动画认识碱性物质性质的基础上,从微观原因和特殊碱上加以拓展,增强知识的生成过程。教学中可以更多地通过实验或者创设真实的教学情境,激发学生的兴趣,提高参与度,更好地学习和认识物质。

同行评价

知识有效迁移。通过氢氧化钠溶液和氢氧化钙溶液的性质实验,分析得出碱溶液共性的原因:氢氧根离子。教师据此引导学生进行迁移:氢氧化钾的化学式以及电离方程式,氢氧化钡溶液的化学性质。教师的精心的设计既让学生掌握常见的碱的化学性质,又培养学生的新旧知识的迁移能力。

教学素材丰富。采用氢氧化钠腐蚀鸡爪的视频导入新课,让学生感受化学与生活是密不可分的;演示实验和分组实验的安排,实验现象明确,教师分析清楚,学生自然而然地得出结论;播放氢氧化钠溶液电离的动画和反应过程模型的动画,让学生对知识的掌握更直观化和形象化。

教学建议:在课尾结课时,应进行简单的小结,让学生建立本节课的知识导图,总结碱的常见化学性质,帮助学生建构知识。如果能在实验的改进或创新上下一点功夫,则会锦上添花。

专家评价

徐作培(邳州市教育局教学研究室,中学高级教师)

坚持正确的教学方向——基于核心素养的教学。课堂教学不是师生知识的转移,教师应关注知识点背后的素养与方法,化学核心素养是三维目标的升华与超越,姚老师基于"证据""推理""模型",充分利用演示实验和分组实验,通过动画展示离子的形成过程以及 NaOH 溶液和 $CuSO_4$ 溶液反应的过程模型,发展了学生的"宏观辨识与微观探析""科学探究与创新意识""变化观点与平衡思想"等素养。

坚持有效的教学方法——基于潜能开发的教学。姚老师课堂的最大特点是注重学生的参与意识，把时间还给学生，学生是课堂的主体，通过师生互动、生生互动自主建构知识体系。学生在自主、合作探究中去发现常见碱的物理性质和化学性质，极大限度地开发学生潜在的创新才能，形成创新意识。教师则以参与者、引导者、合作者的身份来组织教学，凸显学生“自主学、合作学、学进去、讲出来”的教学方法。

坚持清晰的教学结构——基于问题意识的教学。课堂从碱的物理性质→碱的化学性质→性质差异微观解释→制造冲突拓展延伸→知识应用提升能力，线索清晰，环环相扣，层层深入。姚老师对每一个知识点的呈现都创设不同的问题情境，学生在问题的引领下逐个突破，探究深度和广度逐渐加强，学生既掌握知识的形成过程，综合能力也在潜移默化中提升。

课例 12　糖类

许丽永（新沂市第一中学）

一、课程目标解读

《普通高中化学课程标准（2017 版）》对本节内容给出如下要求：认识糖类的组成和结构特点。了解淀粉和纤维素及其葡萄糖的关系，了解葡萄糖的结构特点、主要性质及应用。知道糖类在食品加工和生物质能源开发上的应用。情境素材以及学习活动建议：糖尿病患者的尿样检验原理，淀粉水解产物中葡萄糖的检验。提倡采用观察实验现象、联系生产生活实际、归纳总结等策略对典型的有机化合物的结构、性质及其应用进行教学。

二、教材及学情分析

基于核心素养的教学要求将评价融入到平时的教学中，设计与目标相匹配的评价任务（提问、实验探究、练习等活动），为学生提供解决真实情境下不同复杂程度化学问题，获取与目标达成相关的学习信息，基于这些证据诊断学生的发展水平并做出反馈或进行指导。“糖类”教学诊断任务如下：

1. 通过对“葡萄酿酒过程中是葡萄中的何种物质转化为乙醇”的问题的分析，诊断并发展学生对葡萄糖的存在和性质认识水平；

2. 通过对“如何检验葡萄中的葡萄糖”的实验方案设计，诊断并发展学生对葡萄糖性质及检验认知及科学探究水平；

3. 通过对“淀粉水解、水解程度的判断”的实验方案设计与操作，综合评价并巩固提升学生的化学核心素养。

三、教学目标的确定

基于核心素养的教学设计程序应把握以下几个方面：

在此次深化课程改革中，各学科核心素养作为统领课程标准研制与修订的灵魂，教学目标的确定理应依据学科核心素养。相对于三维目标，核心素养的超越更多体现在“操作性上”，因为素养是可测的、有阶段性的、有水平层次差异的。因此，在确定教学目标时，需将对学生总体的素养期望具体化为课时教学目标，并以此来确定教学内容，选择教学活动方式。据此，“糖类”教学目标定位如图 4. 2 所示。

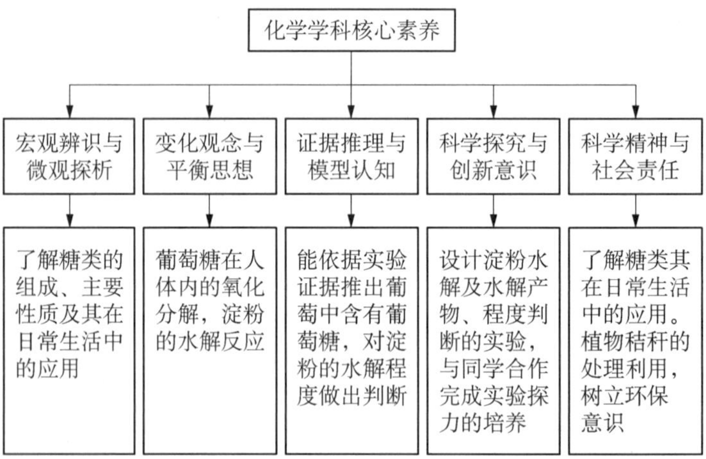

图 4. 2　核心素养目标转化为课时教学目标

四、教学实录

1. 葡萄如何酿酒

【PPT】视频“中国诗词大会”古代诗人王翰的《凉州词》“醉卧沙场君莫笑，古来征战几人回”，请说出上联。

生：葡萄美酒夜光杯，欲饮琵琶马上催。

师：据考证，古代凉州即今天新疆库车地区，结合此地用葡萄酿酒的历史，切入对葡萄糖的学习。人们用葡萄酿酒，在这过程中发生怎样的化学变化？是葡萄中的哪种物质转化成何种物质？

生：葡萄糖在酒化酶的作用下能转化为乙醇。

【PPT】1. 葡萄糖转化为乙醇

$$C_6H_{12}O_6 \xrightarrow{\text{酒化酶}} 2CO_2\uparrow + 2C_2H_5OH$$

2. 如何检验葡萄中含有葡萄糖

【追问】葡萄糖如何检验呢？如何检验葡萄中含有葡萄糖呢？

生：交流讨论，小组发言，学科间联系，回忆所学；阅读教材 P75，找出葡萄糖检验方法。

学情预判与应对策略：学生若熟知中学所学葡萄糖检验，利用新制的氢氧化铜悬浊液与之反应，如此直接进行下一教学环节；学生若遗忘，给予引导，生物学科中亦涉及，利用斐林试剂（新制的氢氧化铜悬浊液）检验葡萄糖；如若学生实在回答不出，则阅读教材，找出葡萄糖的检验方法。

【PPT】2. 检验：(1) 与新制的氢氧化铜悬浊液反应

实验探究一：

师：取 10 颗新鲜葡萄，榨汁，加适量氢氧化钠溶液并稀释，抽入 5 mL 于注射器中，分发各小组备用。

生：观察，可能有疑惑：为什么要加入氢氧化钠？

【PPT】在洁净的试管里加入 2 mL 10%的氢氧化钠溶液，滴加 4～5 滴 5%的硫酸铜溶液，得到含氢氧化钠的氢氧化铜悬浊液。加入 2 mL 葡萄汁溶液，振荡后观察现象，利用酒精灯加热，观察并记录实验现象。

生：学生动手，分小组实验，观察记录现象，展示实验成果。

【PPT】强调：1. 新制氢氧化铜悬浊液制备方法。

2. 实验操作要点，注意事项。

师：巡视，给予小组指导。

师：利用新制氢氧化铜悬浊液检验葡萄糖是我们初中就学习过的方法，除此之外，教材上还介绍了一种方法。

生：阅读教材 P75，活动探究。

实验探究二：

【PPT】在洁净的试管里先加入 2 mL 2%的硝酸银溶液，然后逐滴滴加 2%的稀氨水，振荡试管，直到析出的沉淀恰好溶解为止(制得澄清的银氨溶液)，再加 1 mL 葡萄汁溶液，在温水浴里静置加热几分钟，观察并记录实验现象。

生：学生动手，分小组实验，观察记录现象，展示实验成果。

【PPT】强调：1. 银氨溶液的配制。

2. 操作要领，注意事项。

师：巡视，给予小组指导。

师：板书：(2) 与银氨溶液反应

学情预判与应对策略：学生操作规范，动手能力强，组内配合默契，实验效果好，给予肯定和鼓励。全新实验，充满未知与好奇，学生如不能严格按照实验要求操作，实验效果欠佳，分析原因。

生：体验化学的乐趣、成功喜悦，查找原因，认识实验规范操作的重要性。

师：归纳：利用银氨溶液检验葡萄糖

试管内壁有光亮的银镜，实验成功，生成的银单质致密排列，效果较好；试管内壁有黑色物质附着，实验也是成功的，只是生成的银单质没有致密排列导致。

【PPT】实验室检验葡萄糖的一般方法。

3. 葡萄糖在人体内的作用

师：通过以上的学习和实验，我们检测到葡萄中含有葡萄糖，知道葡萄糖在一定条件下可以转化为乙醇。除此之外，葡萄糖还有什么作用呢？试举例说明。

生：长跑运动员在长跑途中要喝含葡萄糖的饮料来补充能量、消化吸收能力差的病人要通过静脉输入葡萄糖水来维持生命活动。

【PPT】归纳板书：3. 生理作用：提供能量

$$C_6H_{12}O_6(S) + 6O_2(g) \longrightarrow 6CO_2(g) + 6H_2O(l) \quad \triangle H = -280\ kJ/mol$$

4. 淀粉如何为人体提供能量

师：本节课（上午最后一节）结束后大家准备做什么事情？

生：吃饭。

师：吃午饭为了什么？

生：补充能量。

师：下面我们来看一则短片，请大家在观看的时候思考两个问题：

(1) 在短片所展现的食品中主要含有哪种有机化合物？

(2) 这些食品中含有糖类物质吗？

【PPT】视频：《舌尖上的中国——主食的故事》

生：观看视频，思考问题。

学情预判与应对策略：第一个问题，学生从视频中的农作物小麦、玉米、水稻，食物中的馒头、面条、面饼，结合生活实际，容易做出正确回答——食物中的主要成分是淀粉；第二个问题，学生受已有知识和生活常识干扰，易做出错误回答，可利用这一点过渡到下一知识点——糖类化合物的组成和存在的学习。

生：阅读教材 P74，表 3－5 糖类化合物的组成和存在。

【PPT】交流讨论：

1. 为什么人们曾经把这些糖类化合物称为“碳水化合物”？

2. 是否所有的糖类都有甜味？

师：我们日常的主食中富含糖类物质淀粉。

【PPT】二、淀粉

师：食物中的淀粉是如何为人体提供能量的呢？

【PPT】信息提示：

$$\underset{\text{淀粉}}{(C_6H_{10}O_5)_n} + nH_2O \xrightarrow{\text{催化剂}} \underset{\text{葡萄糖}}{nC_6H_{12}O_6}$$

师：在实验室采用稀硫酸作催化剂，在加热的条件下，淀粉可以水解生成葡萄糖。

师：根据信息提示，如何设计实验证明淀粉可以水解生成葡萄糖呢？

生：交流讨论，设计方案，小组汇报，组间评价补充。

师：归纳整合。

【PPT】淀粉的水解。

实验探究三：

【PPT】向试管中加入 4 mL 淀粉溶液和 1 mL 稀硫酸溶液，加热。待溶液冷却后分装在两支试管中。在一支试管中滴加碘水；将另一支试管中的水解液用 1 mL 氢氧化钠溶液中和，然后加入新制的氢氧化铜悬浊液，加热至沸腾。

重要提醒：检测水解液中是否含有葡萄糖前必须加入氢氧化钠溶液中和其中的稀硫酸。

师：利用新制氢氧化铜悬浊液、银氨溶液检测葡萄糖均在碱性条件下，向水解液中加入氢氧化钠目的是除去其中的催化剂稀硫酸，同时这也是我们在葡萄汁中加入氢氧化钠除去其中的有机酸的目的。

生：动手实验，观察记录实验现象。根据现象推测结论，阐明推理依据，结论不同的小组间可相互辩论，对方的结论是对是错，说出理由，第三方小组作为裁判，做出评判，给出评判依据，其他小组补充，各小组的结论不论对错，是否有道理。归纳各自小组实验中淀粉的水解程度。

【设计意图】学生刚刚学习了葡萄糖的检验方法，根据信息提示，设计实验检测淀粉水解液中是否含有葡萄糖思路和方向不会有大的偏差。实验同一时间开始，结合学生动手速度的快慢和课堂剩余时间，水解时间统一结束，在此过程中，动手速度快的小组水解时间长于动手速度慢的小组。

【学情预判】小组间淀粉水解程度肯定有区别，进行后续实验现象必有差异，结论亦有所区别。

【应对策略】分小组汇报实验现象，总结结论，阐明依据，不同小组间可以相互辩论，在这种课堂生成中提升学生化学学科核心素养。

生：自主学习教材 P75，结合课堂问题：

1. 如何检验葡萄中含有葡萄糖？

2. 如何设计实验证明淀粉可转化为葡萄糖？

生：总结或认同探究物质性质的一般程序。

【PPT】归纳投影：

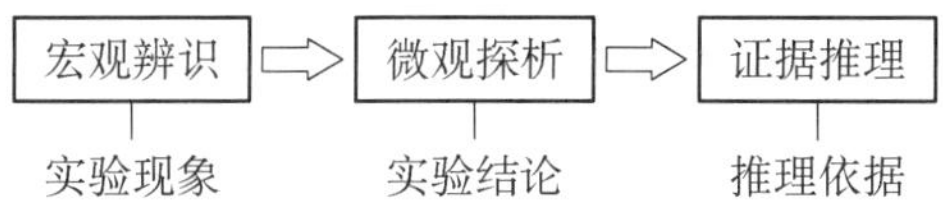

图 4.3

【设计意图】总结归纳中，学生往往会把“实验现象”，“实验结论”，“推理依据”的内容局限在当前所做实验中，短时间无法感悟到化学学科核心素养的要义，在学生汇报结束后，教师归纳提升，力求让学生对核心素养有所感悟。

师：小结：与淀粉类似，麦芽糖、蔗糖、纤维素在一定条件也可以和水作用转化成葡萄糖，这种过程我们称之为糖类的水解。

【PPT】课堂总结：探究物质性质的一般程序。

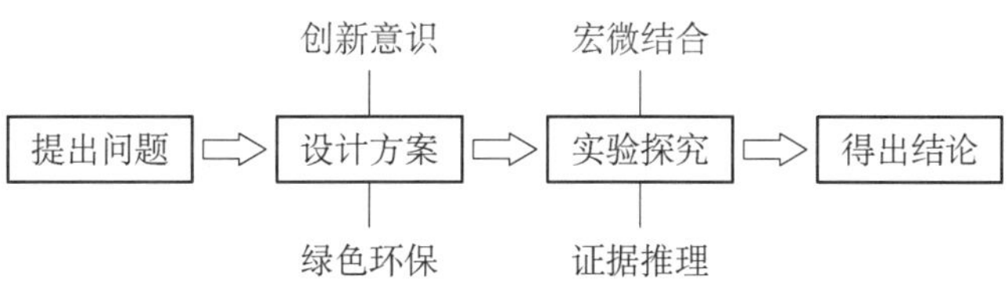

图 4.4

教学反思

化学学科核心素养是学生必备的素养，是学生终身学习和发展的重要基础。作为一线教师应该立足于学生适应现代生活和未来发展的需要，充分发挥化学课程的整体育人功能。在实际教学中结合核心素养来指导和优化教学设计的内容。这种教学设计不仅仅是教会了学生知识，还真正培养了学生的必备品格和关键能力，体现出核心素养的内涵，提升了学生的全面发展和终身学习的能力。新一轮课程改革的浪潮已滚滚而来，如何更好地落实核心素养，还需要一线教师把理论和实际更好地结合起来，在改革中积极摸索，在摸索中实践，在实践中成长。

同行评价

1. 题材新颖　主线清晰

本节课以“中国诗词大会”引入，题材新颖，将学科知识进行贯通融合，极易激发学生的热情和学习兴趣。教学中选取“舌尖上的中国”片段作为过渡的素材，让学生充分感知化学与生活的关系，将“科学精神与社会责任”意识渗透于无形之中，本节所采用的实验药品是教师在课堂上现榨的葡萄汁，实验设计大胆又不失新意，给人有耳目一新之感。本节以葡萄糖为主线实施教学，教学中紧紧围绕葡萄糖的性质展开，主线清晰明了，有条不紊，层层递进。

2. 聚焦核心　定位精准

教师在教学过程中，对物质的性质及其变化提出可能的假设，基于证据进行分析推理，教师注重点拨，对于预设的假设情况进行证实或证伪，并注重证据与结论的关系。有效地将学科核心素养渗透到教学之中。高中化学有机物的性质教学在教材的编写过程中属于螺旋式上升结构，在必修的教学中不涉及葡萄糖分子结构的教学，不涉及定量的数据计算，仅要求学生知道其具有的性质。教师在教学时牢牢的把握住这一点，没有进行拓展和补充。说明教师对教材以及学情的把握精准到位。

专家评价

袁林（新沂市化学教研员，中学高级教师）

本节教学设计很是精彩，层次分明，环节紧凑。尤其对于预设问题的把握，精准到位。教师通过问题链的形式实施教学，很是精妙。问题链是教师在特定的环境下，为实现某一特定的教学目标而设计的问题组合。“问题链”绝不是教师简单提几个问题，学生简单回答，而是师生双方围绕环环紧扣的问题情境，进行多元的、多角度的、多层次的探索、学习和研究。从形式来看，它是一问接一问，一环套一环；从内容来看，它是问问相连，环环紧扣；从目标来看，它是步步深入，由此及彼。每一个问题都能使学生的思维产生一次质的飞跃，它像一条锁链，把问题和目标紧紧地连在一起。问题链是师生质疑、释疑的过程，化学问题链设计应遵循过渡性、兴趣性、渐进性和整体性原则。据此，“糖类”以央视中国诗词大会视频“葡萄美酒夜光杯，……”古诗词引入教学，以“葡萄如何酿酒——如何检验葡萄中的葡萄糖——葡萄糖在人体内有何作用——淀粉如何为人体提供能量”为问题主线，将糖类的存在、化学性质、相互转化、实际应用等内容融合其中。

第 5 章　实验探究教学课例

实验探究的过程是培养学生理性思维、创新精神和实践能力的过程，也是作为一种研究手段获得证据的过程[①]。根据化学学科核心素养对高中学生发展的要求，普通高中化学课程标准提出“要基于证据进行分析推理，加以证实或证伪可能的假设，建立观点、结论和证据之间的逻辑关系”的课程目标。因此教师组织探究学习时尤其要关注化学教学的实践性特征，将实践性素材中化学与生活、生产等联系挖掘出来，通过营造真实情境，激励学生通过实验探究收集证据，并得出结论。

实验探究教学侧重于“科学探究与创新意识”素养的培养，同时也包含了宏微观念、变化观念、平衡思想等多方面的素养。通过实验，学生可以定性与定量地收集证据，对化学问题中的关键要素进行分析，并运用不同模型综合解释或解决复杂的化学问题。

课例 13　铁的重要化合物

宗汉（兴化市楚水实验学校）

一、教学内容分析

1. 教材分析

《普通高中化学课程标准（2017 版）》对本节内容的要求是：结合真实情境中的应

---

① 单世乾，倪娟. 基于探究实验建构认知模型的化学教学研究——以“原电池的工作原理”教学为例[J]. 化学教学，2018(12)：59—64.

用实例或通过实验探究，了解铁及其重要化合物的主要性质，了解它们在生产、生活中的应用，如补铁剂、打印机（或复印机）使用的墨粉中铁的氧化物（利用磁性性质）。同时新课标对科学探究也提出相关要求：了解科学探究过程包括提出问题和假设、设计方案、实施实验、获取证据、分析解释或建构模型、形成结论及交流评价等核心要素。理解从问题和假设出发确定研究目的、依据研究目的设计方案、基于证据进行分析和推理等对科学探究的重要性。

铁元素是高中阶段需要重点学习的一种变价金属元素，铁的重要化合物是人教版化学 1 第三章第 2 节几种重要的金属化合物中的重要组成部分。通过初中化学的学习，学生已经对氧化铁、铁盐、亚铁盐等铁的几种重要化合物有了初步的认识。通过高中化学必修 1 第一章《从实验学化学》、第二章《化学物质及其变化》的学习，学生已经能够运用分类观和价态观，系统、结构化地认识铁及其化合物的性质和转化关系。因此铁的重要化合物的学习既可以为第一、二章所学的物质分类、离子反应、氧化还原反应等理论知识补充感性认识的材料，也易于教师开展实验探究活动，培养学生科学实验探究的方法和能力，还可以为选修 3《物质结构与性质》中有关铁的核外电子排布、配合物等知识的学习打下坚实的基础。

2. 学情分析

在教学活动中，教师是主导，学生是主体。在知识层面上，学生在初中阶段对铁及其化合物有一定的了解，并掌握氧化还原反应和离子反应的基本概念，对本节课的学习有较为充足的知识储备。在能力层面上，通过初中和高中阶段的实验教学，学生具有一定的实验操作能力和观察分析问题的能力，但严密的逻辑推理和完整的实验探究能力还有待进一步提升和加强。在心理层面上，学生对化学实验兴趣浓厚，有较强的探求欲、表现欲和科学探究热情。

二、教学目标

知识目标：掌握铁离子、亚铁离子的性质及其相互转化；学会鉴别铁离子和亚铁离子的方法；掌握定量测定物质的一般方法和步骤。

能力目标：体验从化合价的角度分析微粒的氧化性、还原性，形成学习元素化合物知识的一般方法；在“大胆推测→设计实验→实验验证→得出结论→解决实际问题”过程中，学习知识、体验科学探究过程。

情感态度与价值观：通过对铁的化合物性质的探究，体验科学探究成功的喜悦；具有科学探究意识；通过学习印刷电路板的原理，初步学会从化学视角观察生活、生产和社会中的有关问题。

三、教学过程

教学环节一：墨粉中的“氧化铁”的成分

问题 1：复印机用墨粉（又称碳粉），你知道它的主要成分吗？

问题 2：墨粉中的“氧化铁”是什么？如何证明你的猜想？

【学生猜想】猜想 1：Fe_2O_3；

猜想 2：FeO；

猜想 3：既有 FeO 也有 Fe_2O_3，或 Fe_3O_4。

实验探究：墨粉中的“氧化铁”的成分探究。

【学生交流、讨论】略。

【方案展示】

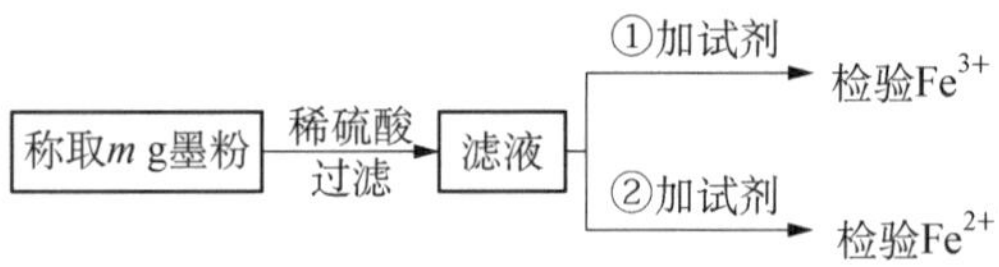

图 5.1　探究实验流程示意图

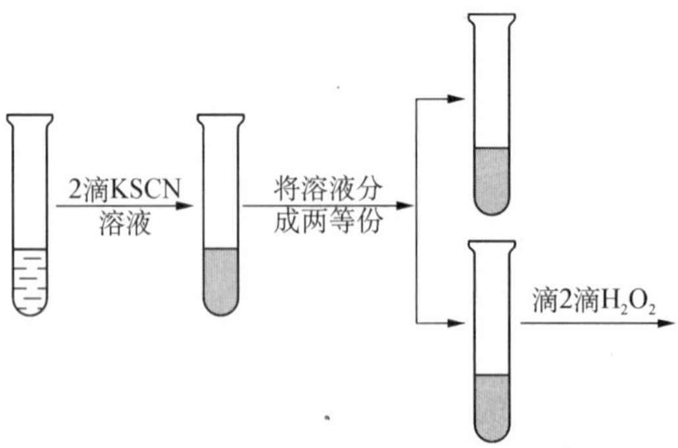

（供选试剂：墨粉、稀硫酸、KSCN 溶液、NaOH 溶液、0.1 mol/L^{-1} $KMnO_4$ 溶液、H_2O_2 溶液）

图 5.2　实验操作流程图

【实验一】检验 Fe^{3+}：

验证 Fe^{3+}：取少许滤液于试管中，向滤液中滴加2滴KSCN溶液，观察反应溶液颜色是否变红，若变红，则说明猜想1或猜想3可能正确。

【实验二】检验 Fe^{2+}：

方案：取少许滤液于试管中，向滤液中滴加2滴KSCN溶液，然后再滴几滴 H_2O_2，观察反应后溶液红色有没有加深，若加深，则猜想2或猜想3成立。

实验现象：出现血红色，但很快会褪去，同时还有气泡产生。

产生的气体是氧气。过氧化氢在 Fe^{3+} 催化作用下，分解放出氧气。

发现新问题：血红色为什么会褪去?

提出假设：硫氰化钾被氧化变质。

设计实验，进行探究。

【探究实验一】探究血红色褪去的原因。

实验方法：取褪色后的溶液，滴加3～5滴硫氰化钾溶液。

观察现象：出现血红色。

得出结论：硫氰化钾被氧化变质。

提出新问题：是什么使硫氰化钾变质?

提出假设：1. 氧气氧化了硫氰化钾；

2. 过氧化氢氧化了硫氰化钾；

3. 温度的影响。

设计实验，进行探究。

【探究实验二】探究氧气能否氧化硫氰化钾。

实验方法：取少许血红色溶液，用二氧化锰催化过氧化氢分解制氧气通入其中。

观察现象：血红色不褪去。

得出结论：氧气不能氧化硫氰化钾。

【探究实验三】学生实验五：探究过氧化氢能否氧化硫氰化钾。

实验方法：取3～5滴硫氰化钾溶液于试管中，滴加几滴过氧化氢溶液，再滴加 $FeCl_3$ 溶液。

观察现象：出现血红色(产生气泡，并褪色)。

得出结论：过氧化氢不能氧化硫氰化钾。

【探究实验四】学生实验六：探究升温能否使血红色褪去。

实验方法：取少许血红色溶液，水浴加热。

观察现象：血红色未褪去。

得出结论：升高温度不会使血红色褪去。

究竟是什么使血红色褪去？

【探究实验五】过氧化氢在升高温度的情况下能氧化硫氰化钾。

方案：取少许滤液于试管中，向滤液中滴 2 滴酸性 $KMnO_4$ 溶液。若试管中紫色褪去，则猜想 2 或猜想 3 成立。

实验结论：猜想 3 正确。

【查阅文献】

资料卡片

激光打印机用磁性调色剂（碳粉）的主要成分：

1.F-Fe_3O_4晶体粉粒（PLGMENT）：占20%~30%

2.聚丙烯酸脂-苯乙烯共聚物：占50%~60%

3.电荷调节剂CCA：占10%~20%

4.流动化剂SiO_2等

5.表面改性剂聚乙烯/聚丙烯石蜡

图 5.3

结论：墨粉中含有 Fe_3O_4，是磁性物质。

【设计意图】通过复印机用墨粉的化学成分定性探究，引导学生学会科学探究的一般步骤和方法，并利用文献查阅资料证实探究结果的科学性。

教学环节二：测定墨粉中 Fe_3O_4 的含量

设计测定方案

学生小组交流、讨论和展示 1。

方案 1：

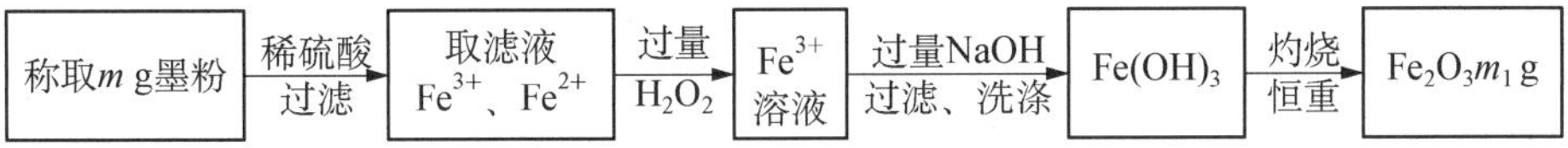

图 5.4

请写出相关反应原理的化学方程式：

$$2Fe^{2+}+2H^{+}+H_2O_2 \xlongequal{} 2Fe^{3+}+2H_2O$$

$$Fe^{3+}+3OH^{-} \xlongequal{} Fe(OH)_3\downarrow$$

$$2Fe(OH)_3 \xlongequal{\triangle} Fe_2O_3+3H_2O$$

学生定量计算：

$$Fe_3O_4 \sim \frac{3}{2}Fe_2O_3$$

$$\begin{array}{cc} 1 & \frac{3}{2} \\ & \frac{m_1}{160} \end{array}$$

$$m(Fe_3O_4)\%=\frac{\frac{m_1}{160}\times\frac{2}{3}\times 232}{m}\times 100\%=\frac{29m_1}{30m}\times 100\%$$

方案 2：

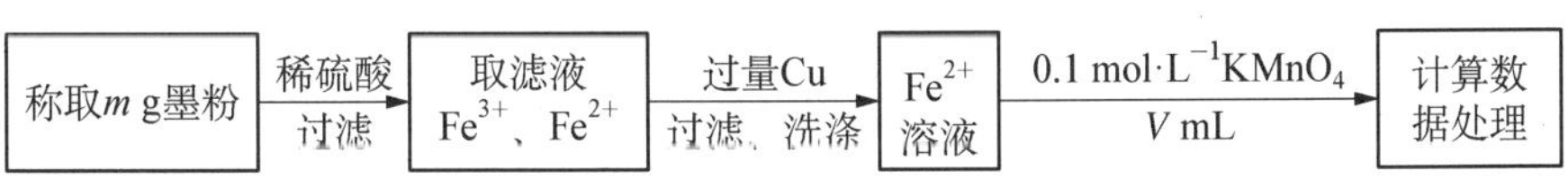

图 5.5

请写出相关反应原理的化学方程式：

$$2Fe^{3+}+Cu \xlongequal{} 2Fe^{2+}+Cu^{2+}$$

$$5Fe^{2+}+8H^{+}+MnO_4^{-} \xlongequal{} 5Fe^{3+}+Mn^{2+}+4H_2O$$

学生定量计算：

$$Fe_3O_4 \sim 3Fe^{2+} \sim \frac{3}{5}MnO_4^-$$

$$1 \qquad\qquad \frac{3}{5}$$

$$0.1\times V\times 10^{-3}$$

$$m(Fe_3O_4)\% = \frac{0.1\times V\times 10^{-3}\times\frac{5}{3}\times 232}{m}\times 100\% = \frac{0.116V}{3m}\times 100\%$$

【设计意图】通过复印机用墨粉的化学成分定量计算，引导学生运用所学知识进行实验方案设计，培养学生学科思维的开放性，并强化科学探究定量意识。

教学环节三：课堂小结

学生交流、讨论、展示。

师生共同总结：

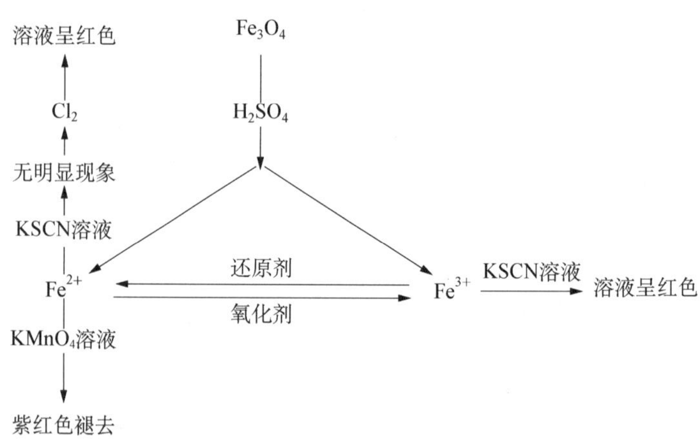

图 5.6

【设计意图】通过复印机用墨粉的化学成分探究，引导学生将零散的知识进行结构化，方法进行模型化，思维进行系统化。

教学环节四：迁移应用

1. 氯化铁溶液可用作金属蚀刻。如制作印刷电路板的过程中常利用铜与氯化铁溶液反应。

电子线路板简易制作过程：

① 先在塑料板上镀上一层铜。

② 将油漆用毛笔或硬笔在空白覆铜板上描绘出线路的形状，吹干。

③ 投入氯化铁溶液中直接腐蚀。没有被油漆覆盖住的铜就被反应掉。

请写出相关化学方程式。

2. 制作印刷电路板得到的废液中含有大量可回收利用的成分，为了减少污染并变废为宝，如何从废液中回收铜并得到 $FeCl_3$ 溶液循环利用呢？

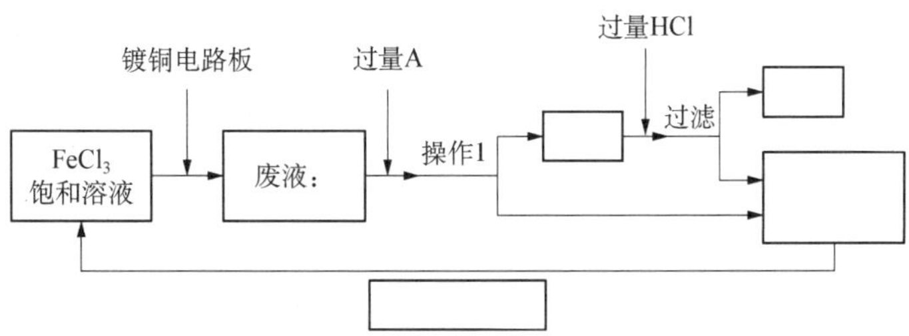

图 5.7

【设计意图】将知识的结构化和思维的逻辑化应用于真实问题的解决，以达到学以致用。

教学反思

新课程强调转变学生的学习方式，倡导将实验探究的主动权交给学生，引导学生发现新问题，设计新方案，解决实验中的异常现象，鼓励学生进行探究学习和深度学习。

选择真实的情境素材，教学力求情境化、生活化。为了贴近学生的生活实际，本节课围绕打印机的墨粉中铁的“氧化物”为主线展开教学，选择离子检验和微粒的定量测定为本节课的知识线，以发现问题—提出猜想—设计实验—探究研究—解决问题为活动线，在一系列活动中发展学生的化学学科核心素养。

选取真实的化学问题，教学力求问题化、素养化。本节课设计与生产生活相关的真实问题情境，进行任务驱动式教学。学生运用化学的视角去观察生活、生产中的现象，去探究实验中的“异常现象”，并着力通过实验去发现问题、分析问题和解决问题，层层递进、层层深入，极大地激发了学生的学习兴趣和求知欲望，提升关键能力，塑造必备品格。

本节课是元素化合物知识的新授课，其特征以实验为载体，关注实验在化学教学中的支撑作用，把实验教学作为有效设计教学过程的关键点。在实验探究过程中，教师合理地利用实验，引发学生的认知冲突，在解决认知冲突的过程中引入新知识的学习，这样的设计既能让学生体验到利用化学知识分析问题和解决问题的过程，又能让学生体验化学实验的价值。看似浪费课堂时间，实则可以让知识体系的构建更结构化，学科思维更系统化。

同行评价

本节课教学目标明确，思路设计清晰，课堂探究气氛浓烈。通过丰富多样的探究实验和思考，让学生亲自实践，大胆体验，关注点从“知识层”深入到“思维层”，学生大胆发言，解释、描述，积极参与，小组合作，交流展示，促进了学生思维方式的发展，培养了学生实验动手能力和创新精神。

整节课教师已成为教学活动的组织者和指引者。教师引导学生在实验探究中提出问题，并就问题提出合理的猜想与假设，设计相应的实验方案，学生通过观察等方法来收集证据，并对实验事实和获得的证据进行加工、处理进而得出结论。与此同时，教师还指导学生对实验过程的各个环节进行有意义的反思和评价，并通过口头或书面的形式表述出来进行交流讨论，培养学生概括关联、简单设计及复杂推理的化学学科能力。

专家评价

王慧（兴化市教育局教研室，中学高级教师）

以学生为中心，精心组织教学。教学实施过程中，立足于化学教材，准确把握教学要求,合理选择和组织化学教学内容。始终坚持以学生为中心的思想,充分认识化学实验的独特价值,精心设计实验探究活动,提出问题,学生讨论探究,解决问题。

以素养为本,培养化学学科核心素养。新课标将学生形成化学学科思想、培养学生良好的化学学科核心素养作为化学教育教学的目标之一。化学学科思想具有丰富的哲学内涵,在教育教学中要从多角度、多途径,运用多种方法进行学科思想教育。本节课在教学过程中渗透多种学科思想,值得大力提倡。

以真实情境为导向,注重科学探究实验。化学来源于生活,学好化学能更好地为人们的生活服务。元素化合物知识更是与人类的生活联系紧密,王老师创设了真实的生活问题情境,通过实验探究使学生积极主动获取化学知识,体会化学的微粒观、转化观和实验观等。

教学建议:本节课学生实验较多,但实验过程中学生全体参与性还不够。有些学生实验过程中一直在观看,没有主动积极参与其中,本节课可以在实验分组上更细致一些,或者在探究过程中多关注这一部分同学,鼓励他们积极参与。

课例 14　环境污染的防治——酸雨

徐丹丹(徐州市科技中学)

一、教学内容分析与设计思路

1. 教材分析与设计思路

“还人类洁净的空气”为沪教版初中化学教材第 9 章《化学与社会发展》中第 3 节《环境污染的防治》中的一个课时的内容。本课时的大部分内容,如空气的污染物、空气污染物对大气环境的影响、大气污染物的主要来源和如何防治空气污染等,在第 2 章“我们身边的物质”和第 9 章第 1 节“能源的综合利用”中已经有所涉及,但是并不系统也不具体。本节内容与生活、生产联系比较紧密,教学中如何把学生熟悉的事物或事例引入课堂,组织学生对酸雨的形成原理以及酸雨的危害进行探究就成了本课时的重要内容。

有些老师认为“酸雨”只是一个常识性的知识,因而对本节课内容更多的是简单处理。鉴于我国酸雨现状和学生已有的酸碱知识，笔者将本课时设计为一节实验探究课。依托化学实验，使学生在观察实验和分析实验的基础上总结得出硫酸型酸雨的形成原理，继而对学生的科学探究能力进行培养。鉴于此，教学流程可以设计为：通过学生实验探究酸雨的危害——重点探究酸雨的形成过程——最后简介防治酸雨的措施。

2. 学情分析

学生已经系统学习了酸碱的相关知识，并且具备有关环境污染及其危害的生活经验，对于探究性学习的技能也有较好的基础，实验能力也有一定的提高。教学关键是让学生做好酸雨成因及其危害的探究性实验，加深学生对酸雨的认识，让学生认识到消除大气污染的重要性和紧迫感。

二、教学目标

通过实验探究，认识硫酸型酸雨的成因、危害及防治措施。

具有保护环境的意识，提高实验技能，发展初步的科学探究能力。

三、教学重难点

重点：通过实验探究，总结归纳硫酸型酸雨的形成过程。

难点：通过实验，探究硫酸型酸雨的形成过程。

四、教学模式

实验—探究—讨论—总结。

五、教学流程设计

实验探究酸雨的危害——实验探究酸雨的形成过程——讨论得出酸雨的防治。

六、教学过程

播放视频：画面主要是美丽的徐州、雨中的景色等(课前 2 分钟)。

【设计意图】激发学生热爱环境的热情，感受生存环境的美好，风和日丽的背后也会有风雨来袭，为下面学习酸雨做铺垫。

1. 引入课题

师：刚才看到的画面是我们美丽的家园，但是大自然并不总是风和日丽，从天而降的雨水可以滋养万物，也可能成为环境的杀手。今天我们就来一起研究“酸雨”。

【板书课题】酸雨

师：酸雨有一个可怕的名字叫“空中死神”。据美国科学家研究，6500 万年前行星撞击地球的时候，酸雨是造成物种灭绝的主要原因之一(适时投影相关图片)。下面来看看我国的酸雨概况。

【投影】世界三大酸雨区分布图、我国酸雨区分布图等。

师：我国是世界三大酸雨区之一，有 40% 的国土面积受到过酸雨的污染，也包括江苏省，而重庆市每年因酸雨造成的经济损失高达十几亿元。

【设计意图】通过酸雨分布的介绍，让学生感知酸雨分布之广，引导学生关注身边的问题，促进他们对家乡的了解。

2. 探究酸雨的危害

师：酸雨为什么有这么严重的危害呢？我们先通过实验来探究。

师：同学们的桌子上有两瓶标着 A、B 的液体，一瓶是水，一瓶是我们在模拟条件下得到的“酸雨”，请你通过实验把它们鉴别出来。

分组实验：利用镁带、碳酸钙、紫罗兰花瓣、石蕊试液等完成鉴别。

教师巡视、鼓励、指导；实验结束，学生汇报。

生 1：液体 B 中加入金属镁冒气泡，所以 B 是酸雨。

生 2：液体 B 中加入碳酸钙冒气泡，所以它是酸雨。

生 3：石蕊试液遇液体 B 变红色，说明 B 是酸雨。

生 4：液体 B 是酸雨，因为花叶被腐蚀了，变色了。

师：根据上述实验现象，说说酸雨有哪些危害呢？

生 1：危害植物生长。

生 2：腐蚀金属、破坏建筑物。

生 3：使河流、土壤酸化。

【投影】有关酸雨危害的对比图片（如大面积死亡的森林、锈迹斑斑的铁桥、面目模糊不清的乐山大佛等）。

【设计意图】通过分组实验，学生初步感受酸雨的危害，总结酸雨的性质，进而为后面解决酸雨的防治问题营造心理层面的动机驱动。通过图片的对比，学生对酸雨的性质以及危害有较为深刻直观的感受。

3. 探究酸雨的形成

师：酸雨的主要成分是什么呢？它又是如何形成的呢？下面我们通过实验来模拟酸雨的形成。

师：煤是我国的主要燃料，煤中含有的硫在燃烧时会变为二氧化硫，这是形成酸雨的罪魁祸首。下面，我们先来做硫在氧气中燃烧的实验。

【展示并介绍】图 5.8 实验装置（燃烧匙的柄是一个导气管）。

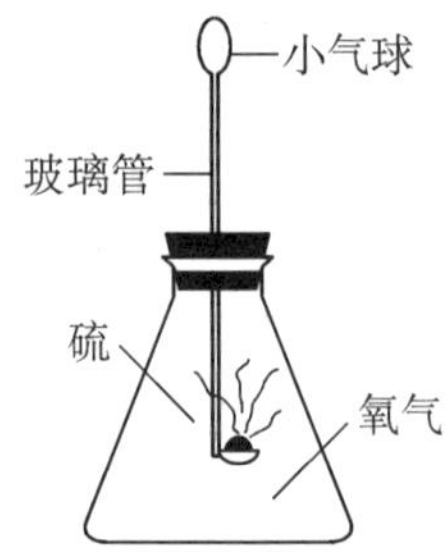

图 5.8 硫在氧气中燃烧

【演示实验】教师做硫粉在空气、氧气中燃烧的实验；学生观察实验现象并汇报。

生 1：硫在空气中燃烧产生微弱的淡蓝色火焰，并产生刺鼻的气味。

生 2：硫在氧气中燃烧更旺，产生明亮的蓝紫色火焰。

电子板书：$S + O_2 \xlongequal{\text{点燃}} SO_2$

师：下面，我把锥形瓶倒过来，然后在水中取下小气球，将会出现什么现象呢？

【演示实验】在水槽中取下小气球。学生观察实验现象，并汇报。

生 1：水通过导气管进入锥形瓶。

生 2：还形成了有力的喷泉（见图 5.9）。

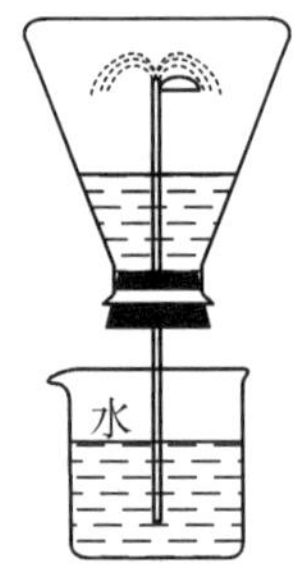

图 5.9 喷泉实验

讨论：水为什么上升进入锥形瓶中。

教师巡视、释疑、指导；讨论结束，学生汇报。

生 1：硫燃烧消耗氧气，使得锥形瓶中压强减小，水得以进入锥形瓶。

生 2：可能二氧化硫与二氧化碳相似，它能溶于水。

生 3：可能二氧化硫还与水发生化学反应。

师：二氧化硫肯定溶于水了，否则水也不可能进入锥形瓶。那它有没有与水发生化学反应呢？

【演示实验】向装满二氧化硫气体的矿泉水瓶中加入适量的水，立即旋紧瓶盖、振荡（可以邀请学生参与）。学生观察实验现象，并汇报。

生 1：瓶子明显变瘪了。

【展示并介绍】pH 计。

【演示实验】用 pH 计测定锥形瓶中液体的 pH。

生 2：读数是 1.8。

师：锥形瓶中液体的 pH 为 1.8，说明了什么？

生 3：锥形瓶中液体显酸性。

师：锥形瓶中的液体为什么显酸性呢？

生 4：是水与二氧化硫发生化学反应。

师：是的。水进入锥形瓶，不仅说明二氧化硫能溶于水，还说明它能与水发生反应生成酸（就是亚硫酸）。

【电子板书】$SO_2 + H_2O = H_2SO_3$

师：1982 年的国际环境会议规定，pH<5.6 的降水称为酸雨。我们通过模拟实验得到酸雨了吗？

生 1：得到了。

师：那么它的主要成分是什么呢？

生 2：亚硫酸。

教师：课本上说“二氧化硫会形成硫酸型酸雨”，那硫酸从何而来呢？

生 3：可能是亚硫酸还会进一步氧化为硫酸吧。

师：究竟是不是这样呢？我们通过实验来验证。

【投影小资料】盐酸酸化的氯化钡与硫酸反应会有白色沉淀生成，与亚硫酸反应无白色沉淀生成。

【分组实验】将锥形瓶中溶液倒入试管中适量，再滴入盐酸酸化的氯化钡溶液。教师巡视、指导；实验结束，学生汇报。

生 1：有白色沉淀生成。

师：这说明溶液中含有哪种酸呢？

生 2：溶液中含有硫酸。

师：正是亚硫酸与氧气反应，生成硫酸。

【电子板书】$2H_2SO_3 + O_2 = 2H_2SO_4$

师：事实上酸雨中硫酸的形成不只这一个途径，二氧化硫和氧气反应生成三氧化硫，三氧化硫溶于水也形成硫酸。

【电子板书】$2SO_2 + O_2 \xlongequal{\text{尘埃}} 2SO_3$；$SO_3 + H_2O = H_2SO_4$

师：目前，酸雨已从硫酸型向硫酸和硝酸复合型转化；酸雨中的硝酸主要是汽车尾气中的氮氧化物形成的。

【设计意图】化学实验中丰富的内容非常有利于培养学生分析、综合、抽象、概括的能力、想象力以及辩证思维能力。把知识结论告诉学生不如设计活动让学生在探索中获得，通过实验现象激发学生思考问题的能力。由实验现象得出的结论和学生已经认知的内容发生冲突，继而激发学生进一步探究的欲望。

4. 探究酸雨的防治

师：通过模拟实验，我们已经了解酸雨的形成。知道酸雨的形成原理，有利于我们防治酸雨。

讨论：防治酸雨的措施。教师巡视、参与、指导；讨论结束，学生汇报。

生 1：可以开发新能源。

生 2：植树造林，吸收二氧化硫。

生 3：对煤进行脱硫处理。

生 4：对燃煤产生的烟气进行吸收。

生 5：汽车尾气净化后再排放。

师：对于已经受到酸雨污染的湖泊、土壤，我们应该如何治理呢？思路就在我们下面的实验中。

【分组实验】向试管里的红色溶液滴加石灰水。

【教师巡视、释疑】实验结束，学生汇报。

生1：红色溶液变成紫色。

生2：熟石灰能使溶液的酸性消失。

师：现实中，我们就常用碱性柔和、价格低廉的熟石灰来治理酸化的湖泊、土壤。

【小结】本节课你最大的收获是什么？你还有什么疑惑？教师鼓励学生大胆发言，学生畅谈收获、贡献困惑。

师：同学们，保护环境将是我们一项永恒的实践作业！

【设计意图】通过化学实验及学生间的交流讨论让学生由现象到本质地认识事物的性质、规律及其应用，最终解决实际问题。体现化学来源于生活，服务于生活，也将更好地指导人们生活。

七、板书设计

环境污染的防治

还人类洁净的空气——酸雨

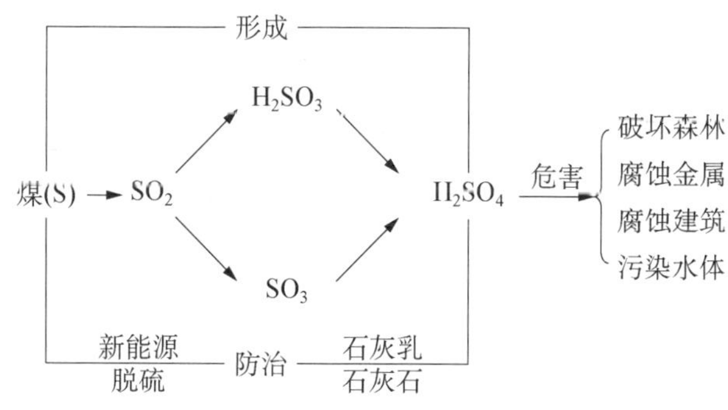

图5.10

教学反思

化学实验作为探索、发现、验证知识的重要手段，它不仅使学生经历知识的形成过程，而且提高学生的实验操作技能，发展学生的科学探究能力，培养他们解决实际问题的能力。本节课注重依托化学实验引导学生操作、观察、分析，总结出酸雨的危害，继而利用酸碱知识进一步探究酸雨的形成过程和防治措施。在教学中，让学生放手、动脑、动口，注重培养学生的探究能力，注意参与学生活动、适时释疑解惑。尤其是在探究酸雨中硫酸的成分时，课本上的硫酸型酸雨结论和已有的亚硫酸酸雨认知的不吻合，引发学生的思维冲突，激发学生的质疑精神，通过实验和提供资料等手段，深化思维、得出结论。最后在酸雨的防治环节，通过 $Ca(OH)_2$ 溶液与酸液反应的定性实验，处理模拟得到的酸雨废液，用化学实验解决实际问题，激发学生对化学学习的热情。另外，运用改进的化学实验装置开展实验教学，有效解决二氧化硫逸散的污染问题，提高课堂效率，降低学习难度，突出教学重点。

同行评价

本节课依托化学实验，引发学生总结得出酸雨的初步形成过程，即“含硫元素的物质燃烧生成二氧化硫，二氧化硫溶于水形成亚硫酸，从而形成酸雨”。在实验过程中培养学生的探究能力。同时，通过硫酸型酸雨和亚硫酸酸雨的不吻合，引发学生的思维冲突，激发学生的质疑精神，在学生相互提出假设的基础上，教师通过实验和提供资料等手段，一步一步引发学生思考，把学生的思维引向深入。纵观整个课堂教学中，学生的主体作用和教师的主导作用都得到充分发挥，课堂气氛融洽，教学效率高。

专家评价

李德前（徐州市西苑中学，中学特级教师）

本节课采用实验手段引导学生了解酸雨的危害，认识酸雨的成因（含硫元素的物质燃烧生成二氧化硫，二氧化硫溶于水形成亚硫酸，从而形成酸雨）；并且结合酸雨形成的机理，探索酸雨的治理措施。在整个教学过程中，教师相信学生、敢于放手，注重培养学生的探究能力，注意参与学生活动、适时释疑解惑。尤其是在探究酸雨中硫酸的成分时，注重引发学生的思维冲突，激发学生的质疑精神，通过实验和文献资料等手段，深化思维、得出结论。另外，运用改进的化学实验装置开展实验教学，也提高了课堂效率，降低了学习难度，突出了教学重点，体现了教师良好的化学素养。纵观整节课，学生的主体地位突出，教师的主导作用恰当，课堂气氛民主融洽，教学目标高度达成。

课例 15　乙酸

刘冠军（新沂市高级中学）

一、教学内容分析和设计思路

1. 考试说明与课程标准教学要求

2017 年江苏省高二学测说明：知道乙酸的分子结构及其酸性、酯化反应等性质及主要用途。2018 年江苏省高考说明：了解常见有机化合物中的官能团，能正确表示有机化合物的结构；掌握羧酸的组成、结构特点和主要性质。普通高中化学课程标准：知道乙酸的组成和主要性质，认识其在日常生活中的应用；实验探究：乙酸的主要化学性质。

本节乙酸的教学根据江苏省学测说明与化学课程标准教学要求确定教学标准与学习要求为：(1)内容标准：知道乙酸的组成和主要性质，认识其在日常生活中的应用；(2)学习要求：知道乙酸的分子结构，了解乙酸的酸性、酯化反应等性质及其用途；(3)学生实验教学要求：探究乙酸的主要化学性质；(4)核心素养要求：有效处理和解决日常生活中与化学相关的信息和问题，形成终身、持续探讨与化学相关问题的兴趣和意愿。

2. 教材分析

乙酸在日常生活和工业生产中都有很大用途，也是学生接触较多的化学物质之一，是继烃、醇、醛之后又一重要的有机物。做好乙酸的教学既是对醇、醛知识的巩固，也为酯的学习作铺垫，特别是帮助学生形成有机合成的基本思路有着重要作用。在课堂教学中，要从实际出发，对课本设置的学习内容要脚踏实地地引导学生学习基础知识，一定要注意知识的前后联系、理论联系实际，准确把握《新课标》对本节的要求，注重学习方式、化学思维能力的培养。因此，我们设计了一些综合探究问题，将乙酸的酸性、酯化反应的探究列为本节课的教学重难点。

3. 学情分析

初中阶段学生已认识的内容：食醋中含有3%～5%的醋酸，醋酸是一种常见的酸，具有酸的通性；白醋酸果汁等这些有酸味的物质能使紫色石蕊试液变红，表现出酸性。

化学基本原理概念：在化学2专题1第三单元《从微观结构看物质的多样性》中学生已经学过同分异构现象，初步判断同分异构体并了解有机物的成键特征；认识了微粒间的相互作用力：化学键，电子式书写等。

本专题第一单元介绍了“化石燃料与有机化合物”中几种代表性的烃：甲烷、乙烯、苯的组成、结构、性质、用途等；学习了第二单元“食物中的有机化合物”的含氧衍生物乙醇的组成及重要性质；这些都为乙酸知识的学习明确了思路，确定了方法。

4. 设计思路

创设情境→提出问题→实验探究→解决问题→具体应用：

第一，从生活中乙酸的应用入手，整个课堂将生活中乙酸的应用作主线，从中提取知识进一步剖析探究；第二，以问题探究作主导，充分发挥学生思考的积极性、主动性，调动学生的思考维度；第三，通过探究实验和课后作业引导学生应用所学知识，关注乙酸乙酯在生产生活中的应用，提升其科学精神与社会责任。

课堂教学中使学生的活动在以上几个方面的设计中展开，不仅能够使学生掌握“双基”，还能使学生在分析问题、解决问题及动手、动脑等实践能力等方面得到提高。教学中，我们要不断地去探索，构建一系列学讲方式下的教与学的设计，为学生提供一个充分展示自我的舞台。

二、教学目标

知识与技能：了解乙酸的组成、主要性质及其在日常生活中的应用；认识乙酸的结构特点。

过程与方法：通过问题设计与实验探究锻炼学生分析、推理、观察、比较、解决问题的能力。

情感态度与价值观：通过乙酸在生活和生产中的应用，了解有机物跟日常生活和生产的紧密联系，渗透化学重要性的教育。通过酯化反应的教学，掌握从现象到本质、从实践到理论的科学思维方法。通过问题探究、设计动手实验等环节激发学习兴趣，养成积极思考及创新合作的优良品质。

三、教学重难点

重点：乙酸的分子结构和化学性质。

难点：酯化反应原理。

四、实验用品

乙酸、乙酸溶液、Na_2CO_3 溶液、NaOH 溶液、石蕊试剂、酚酞、浓硫酸、无水乙醇、蒸馏水；

铁架台(带铁夹)、酒精灯、试管(大小)、试管架、滴管、单孔塞、导管、烧杯、量筒、碎瓷片、火柴、石棉网、洗瓶；

乙酸分子的球棍模型、比例模型。

五、教学过程

【生活实例引入】展示一瓶食醋。

【提问】吃醋好不好？投影：吃醋不一定有益健康。

【思考】食醋的有效成分是什么？

生：联系生活实际，认识醋在生活中的重要作用，认识食醋的成分。

【设计意图】兴趣是最好的老师，联系生活实例激发学生的兴趣。

实验 1：(1) 对比食醋、乙酸的色、态、气味；

(2) 取少量乙酸于小试管中，加入少量水，振荡试管，观察现象；

(3) 投影冰醋酸，总结乙酸的物理性质。

生：实验、总结归纳乙酸的物理性质，完成学案。

【设计意图】培养学生学习化学的自学能力和分析探究能力。

师：在寒冷的冬天，保存在细口试剂瓶中的无水乙酸会凝结成像冰一样的晶体，若在实验中遇到这种情况时，应如何从试剂瓶中取出无水乙酸？

生：思考，回答。

【设计意图】培养学生综合解决实际问题的能力，学会知识的迁移应用。

【介绍】科学实验测定乙酸由 C、H、O 三种元素组成；展示乙酸分子的球棍模型，分析其组成结构；由乙酸的结构式强调乙酸的构成，写出结构简式，认识羧基；认识官能团；介绍乙酸分子的比例模型。

生：观察乙酸分子的球棍模型，写出乙酸的分子式、结构式；分析乙酸分子的结构；完成学案。

【设计意图】引导学生学习化学的基本原理与方法，培养学生的元素观，会利用基本理论解决问题。

师：醋的味道很酸，是因为乙酸具有酸性，那么乙酸的酸性表现在哪些方面呢？

师：在学生回答基础上归纳酸的通性。

生：体会、归纳乙酸的酸性表现。

【设计意图】回顾酸的通性，注重知识的前后联系。

实验 2：(1) 向乙酸溶液中滴加石蕊溶液；

(2) 带氧化膜镁条与乙酸溶液反应；

(3) 向乙酸溶液中滴加碳酸钠溶液；

(4) 向 NaOH 溶液中滴加酚酞后，再滴加乙酸溶液。

生：学生分组实验，观察现象并总结，完成学案。

【设计意图】以实验探究为载体，提高学生的动手能力，以及通过设计实验、验证知识、自我得出结论能力。

师：分析乙酸呈现酸性的原因是什么。

弱酸性：$CH_3COOH \rightleftharpoons CH_3COO^- + H^+$　　酸性强弱：$CH_3COOH > H_2CO_3$

可用食醋除去热水瓶中的水垢；鱼刺在食醋中浸泡会变软；鸡蛋壳在食醋中浸泡后变酥。这些现象利用了乙酸的什么性质？

生：总结，记忆思考，分析原因。

【设计意图】学会从现象到本质的分析，巩固重点知识，从化学走向生活，解决实际问题。

实验 3：在一支大试管中加几片碎瓷片，再加入 3 mL 乙醇，然后边摇动试管边慢慢加入 2 mL 浓硫酸和 2 mL 冰醋酸，按教材图示连接好装置。用酒精灯小心均匀地加热试管 3～5 min，产生的蒸气经导管通到饱和碳酸钠溶液的液面上。实验完成后在不振荡小试管情况下沿器壁滴加少量紫色石蕊试液，观察现象；再振荡试管、静置，观察现象。

巡视并指导学生实验，共同探讨实验的成与败。

【强调】(1) 实验装置的组装顺序；

(2) 气密性；

(3) 导管口位置；

(4) 注意实验安全等问题。

实验总结。

生：(1)阅读分析实验操作要点，进行加热操作；(2)观察装有饱和碳酸钠溶液的试管里有什么变化？生成新物质的色、态、味怎样？记录实验现象；(3)反应结束后振荡盛饱和碳酸钠溶液的试管，闻生成物气味；(4)填写学案，总结反应现象，判断反应产物，写出反应方程式。

【设计意图】用实验探究化学，培养学生的实验观、实际操作动手能力。

师：酯化反应：酸 + 醇$\longrightarrow$酯 + 水。

反应生成有香味的油状液体是乙酸乙酯。$CH_3COOH + CH_3CH_2OH \xrightarrow[\triangle]{\text{浓 } H_2SO_4} CH_3COOCH_2CH_3 + H_2O$

【原理探究】酸脱羟基醇脱(羟基上的)氢。

反应类型：取代反应。

师：播放酯化反应实验视频，分析实验操作过程，探讨实验注意问题：

(1) 药品添加的顺序如何？

(2) 浓硫酸的作用是什么？

(3) 收集到的乙酸乙酯中可能含有哪些杂质，用什么方法除去杂质？饱和 Na_2CO_3 溶液有什么作用？

(4) 导管的作用是什么？导管口的位置如何，为什么？

师：学生总结基础上投影总结。

强调“防倒吸”装置与作用。

“为什么酒越陈越香？”

强调酒中少量酒精长时间放置发生了反应，生成具有香味的乙酸乙酯。

生：认识概念，理解乙酸与乙醇发生反应的实质。

小组交流讨论，填写学案，答案展示。

【交流讨论】得出：$CH_3CH_2OH \rightarrow CH_3CHO \rightarrow CH_3COOH \rightarrow CH_3COOCH_2CH_3$

试写出以上转化的反应方程式，理解“酒越陈越香”原因。

【设计意图】让学生学会从现象到本质的分析，提高学生综合解决问题的能力。利用原理解决实际问题，培养学生的综合思维与判断能力。让学生与学生、学生与教师之间围绕问题进行有效的分析与讨论，培养学生的化学变化观和实验观。培养学生合作交流、归纳总结能力，理解反应本质。

师：(板书)三、乙酸的化学性质

1. 弱酸性

2. 酯化反应

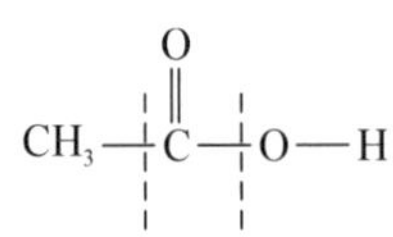

认识乙酸的结构与性质的关系。

【总结】结构决定性质，性质反映结构。

结合乙酸的结构、性质判断甲酸($HCOOH$)、丙酸(CH_3CH_2COOH)具有哪些性质？试写出二者分别与乙醇发生反应的方程式。

生：学生整体认识乙酸的结构与性质的关系，理解反应的本质。

【设计意图】进行归纳总结：认识有机化合物学习中“结构决定性质，性质反映结构”指导思想，使学生所学知识有整体提升。提高学生利用所学知识解决问题的能力。

师：到图书馆或上网查阅资料：醋的来历、醋的酿造过程；生活小窍门：怎样巧用食醋；醋能解酒吗？

师：练习反馈。

生：通过上网查阅资料，增大学生知识面。完成测试卷。

【设计意图】提高学生的化学价值观。落实巩固所学内容。

板书设计：

乙酸

一、物理性质

无色、强烈刺激性气味液体，易挥发，熔点低，易溶于水、乙醇等

二、乙酸的组成、结构

分子式、结构式、结构简式、官能团：羧基

三、化学性质

1. 弱酸性：$CH_3COOH \rightleftharpoons CH_3COO^- + H^+$

酸性强弱：$CH_3COOH > H_2CO_3$

2. 酯化反应：(1) 定义：酸 + 醇$\longrightarrow$酯 + 水

(2) 反应原理：$CH_3COOH + CH_3CH_2OH \xrightarrow[\triangle]{浓 H_2SO_4} CH_3COOCH_2CH_3 + H_2O$
乙酸乙酯

酸脱羟基，醇脱(羟基上的)氢

(3) 反应类型：取代反应

小结：乙酸结构与性质关系 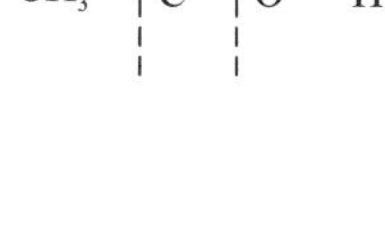

教学反思

本节课的整体设计是以化学学科核心素养为向导，让学生“从生活走进化学、用实验探究化学、从化学走向社会”。以学生已有的知识和能力为基础，教学中设计一定梯

度的探究问题、探究实验，让学生通过自主学习、合作学习获取和建构新的知识。通过学生对乙酸的“组成、结构→性质→用途”的学习，有效处理和解决日常生活中与化学相关的信息和问题，帮助学生形成“结构决定性质、性质反映结构”“实践检验真理”的观点，同时培养学生的元素观、转化观、分类观以及化学价值观等，实现对学科观念的建构。结合课堂教学实践，课堂教学目标的达成须做好以下几个方面的工作：

1. 课堂教学的效果应主要体现在学生课堂学习活动中所获取知识的多少。新课程所倡导的课堂教学要体现学生的主体地位，强调形成积极主动的学习态度，学生的学习过程是一个发现问题、分析问题与解决问题的过程。而在课堂学习过程中学生参与的程度、思维的深度、合作交流的广度等都直接影响学生的学习效果。在课堂教学中教师主导地位的体现就是给学生创造有效的条件促使学生通过积极参与，从中获得更多的知识及学习的态度方法等，要做好这一点需要教师很好地熟悉教学内容、把握好教学的深广度、设计的教学情境符合学生的思维高度，同时给予学生思考的空间和展示自我的机会等。

2. 课堂教学活动的重点也应当放在教学内容的重难点上。教学设计环节中的教学方式及学生活动多少的表现形式不应作为课堂教学的重点，关键是在教学内容的重难点上学生是否能通过一些活动，促使大脑经过紧张的思考，能自我得出所要达到的目标结论。本节课“乙酸”的教学重点要放在“乙酸的结构”与“酯化反应”内容上，教学中围绕“结构决定性质”“酯化反应实验探究”设计教学环节，创设有效的问题情境，进行重难点的突破。

3. 如何做好课堂教学的放与收。课堂教学活动的多样化能激发学生的学习兴趣，提高学习热情，但有时教学过程中的放手让学生活动出现了难收的场面。因此要做好课堂教学中的学生活动环节应注意把握：课前教学环节的预设要充分，学生活动可能出现的问题要考虑周全；要把握好学生活动的时机，培养学生化学核心素养；要能够控制学生活动的分寸，而不要让学生的活动脱离了教学的主题。

同行评价

教学环节设计合理，教学过程流畅，思路清晰。教师对教材和课程标准把握透彻、挖掘深入，针对学生基础和学生发展性目标，设计思路清晰的教学流程。以知识为依托，对学生进行科学方法教育，培养学生发展学科素养。教学目标明确、具体，能与具体的活动内容和方式相联系，重视开展“素养为本”的教学。从乙酸的生活应用入手，设计一系列有思维深度的问题，恰当联系生产生活实际，扩展学生视野，激发学生学习兴趣，提高科学素养。教学结构严谨，教案设计凸现“知识”和“活动”两条主线，层次分明，安排合理。

合理选择演示实验和学生实验。注意发挥实验功能，训练学生实验技能，培养学生的科学探究和创新意识。教学环境宽松民主，互动性强，参与面广，学生主体性得到充分发挥。突出学生的主体地位，多渠道让学生展示交流，把课堂还给学生，体现“三个贯穿始终”：探究体验贯穿始终，展示交流贯穿始终，真实应用贯穿始终。

专家评价

袁林（新沂市教师发展中心，中学高级教师）

本节教学明确、重点突出，能够按照新课标的要求努力培养学生的化学核心素养。教学主线明确：创设情境→提出问题→实验探究→解决问题→具体应用→反思。本节课开始就通过展示实物一瓶香醋引入新课，创设学生熟悉的生活情境，激发学生学习的积极性和主动性。

为了更好地培养学生的探究能力以及实验操作能力，教师设计了分组实验，极大地激发了学生的学习兴趣，通过实验过程的亲自参与，学生体验了实验探究过程的喜怒哀乐。由此，初步培养了学生的科学探究能力，发展了学生的核心素养。

教学过程中，教师能够深入推进学讲方式，充分发挥学生的主体作用：指导自学、独立思考、交流展示等，体现学生自主建构知识的过程。教学中教师能够合理使用多媒体技术辅助教学，增大课堂容量，效果较好。课堂气氛活跃，学生积极主动学习，讨论热烈，教师归纳总结到位。教学环节比较齐全，注意板书设计，注意教学反思和总结提高。

第 6 章　数字化工具教学课例

数字化实验系统是一种全新的软硬件一体化的实验系统，它具有多类型的传感器、多通道的数据采集器、多样化的自主操控平台以及强大的函数图像处理系统，实现了实验手段数字化、测量呈现实时化、现象规律可视化、操作测量简单化①。

使用数字化实验系统可以简化实验流程和数据处理，方便学生高效地理解化学知识；可以优化部分演示实验，使其便于观察和思考。数字化实验对化学概念原理的教学和探究实验教学起到有效的辅助作用，对化学教学内容和教学方式的改革具有明显的支持作用，是化学教学与现代教育技术整合的有效探索。

在课堂中引入数字化实验，应注意以下几点②：

（1）数字化实验的合理性、有效性。将传统实验改造成数字化实验时，应考察其合理性，并在课堂上检验其有效性，从而提升课堂教学效果。

（2）数字化实验的灵活性。课堂上引入数字化实验应具有灵活性，针对同一个实验可设计出不同的实验方案，并且能够实现教室内与教室外资源的充分利用，提升学习兴趣。

（3）数字化实验的新颖性。课堂中开展的数字化实验应新颖、开放，充分发挥学

① 徐伟，鹿钰锋. 基于数字化实验培养学生的核心素养——以“中和滴定”教学为例[J]. 科教导刊，2018(11)：141—143.

② 陈琛，姚如富，邵忠德，翟蒙. 数字化手持技术实验在高中化学课堂教学中的应用研究[J]. 化学教育，2015(1)：29—33.

生的创新思维，提升化学学科核心素养。

课例 16　二氧化硫的性质和应用

法浩（徐州高级中学）

“二氧化硫的性质和应用”是元素化合物知识教学的代表课例之一，其中蕴含丰富而深刻的教学资源，融汇了多种学科基本观念、基本思想和基本研究方法，是学生经过对元素化合物内容进行阶段性学习后的知识、技能、思维运用与提升的平台。应从物质、转化、过程、应用、情意等多视角全面、综合地认知二氧化硫的教学价值。

1. 物质视角。二氧化硫性质的认知体现了对物质进行宏观辨识的基本思路——即物质性质一般性和特殊性的有机结合。认知物质性质的一般性体现在依据物质所属类别（需综合考虑物质中各元素化合价能否变化及变化趋势情况）、与之组成结构相似的物质“异中求同”以推理其相应性质。如在化学变化中二氧化硫各元素化合价均不变则体现酸性氧化物的性质，可推理其与水或碱反应，并根据其组成与二氧化碳相似完成相关反应的符号表征；若二氧化硫中硫元素化合价发生变化，依据变化趋势体现其既具有还原性、又具有氧化性，并根据反应条件推理其相应产物。物质的特殊性既体现在其与众不同、有辨识性的独特性质（如二氧化硫的气味、漂白性），也体现在从物质类别、模仿相似等途径认知一般性时“同中求异”，探寻物质的具体特征，如与二氧化碳相比，二氧化硫的溶解性、水溶液酸性及还原性的差异等。通过类比的逻辑思维方法践行物质的分类观，形成物质性质一般性和特殊性相融合的认知结构网络。

2. 转化视角。物质间的转化研究既体现在从一种物质转化为另一种物质所需要的条件及原理分析，进而通过条件的控制，有目的、有意识的得到所需产物，也体现在构建元素各重要物质之间的转化关系，实现元素化合物知识结构化。如二氧化硫转化为含 +4 价硫元素的亚硫酸、亚硫酸根、亚硫酸氢根，各转化条件及原理之间既存在区别、也存在联系，学生既要明确了解反应物及其用量选择对二氧化硫转化产物的决定性作用，又要延伸至亚硫酸、亚硫酸根、亚硫酸氢根之间相互转化的条件及原理认知。同理，选择合适的氧化剂及反应条件实现二氧化硫转化为含 +6 价硫元素的三氧化硫、硫酸、硫酸根，并拓展至亚硫酸、亚硫酸根、亚硫酸氢根氧化为硫酸、硫酸根的条件认知，完成含硫重要物质转化的网络化建构。

3. 过程视角。深度学习的实施总是以生产生活中真实、有意义的问题探索为情境，运用文献、实验等探究方法收集信息、加工整合形成证据，并在解释或解决问题的过程中获取知识、增强技能、训练思维、形成观念、内化素养。以二氧化硫教学中最常见情境——酸雨的形成与防治为例，在认识酸雨的成因、成分、形成条件过程中运用物质转化观念推理由二氧化硫生成硫酸的原理及所需条件，并通过实验探究活动收集判断二氧化硫与水、与氧气反应后的阶段产物及最终产物的证据，从而确证上述推理的科学可靠；基于酸雨的形成机理有的放矢的提出防治思路，再通过查询文献资料进一步将思路丰富、完善形成可操作策略，既体会解决化学问题时理论构思至实践设计的必要和必需，也是对酸雨成因认识的评价与思辨。学生在自主经历证据推理、科学探究的过程中训练科学方法、强化科学思维，其收获与发展无疑更加自然而深刻。

4. 应用视角。元素化合物的学习既在于运用化学知识趋利避害、改善生活质量、造福社会，也在于建构物质的认知思维模型并迁移运用到其他陌生物质的学习中，从而形成自主学习能力。选择合适的场合将二氧化硫的酸性、还原性和漂白性加以合理运用，是学生综合运用化学知识分析问题并有效决策的能力体现；选择合适的反应物及条件将二氧化硫转化为实际生产生活中应用广泛的硫酸、各种硫酸盐，发挥化学学习的正能量；讨论酸雨的形成与防治，减少二氧化硫给社会造成的危害，是化学学习应尽的责任。此外，通过物质的学习和各元素重要物质间转化关系的构建，学生已初步形成认知物质的思维模型，具备运用模型建构对二氧化硫性质及转化认知的可行性，因而二氧化硫的学习过程可以是物质认知模型调试、应用、自洽的过程。

5. 情意视角。学生在真实的问题情境和有效的科学探究活动中知识、技能、思维同步得到训练与发展的同时，还会潜移默化地形成正确的科学态度和化学价值观。如精心设计二氧化硫性质的实验探究活动，让学生始终遇到问题、产生困惑、小心论证、思辨认识，则必然会逐步树立尊重事实、乐于实践、勇于探索的科学态度；二氧化硫转化为硫酸的过程既可能造成酸雨也能生产硫酸，对二氧化硫科学的加以利用就可最大限度的趋利避害，这无疑将引领学生正确、合理的认知并运用化学的正面价值，有助于形成客观评价事物的辩证唯物主义观；通过真实、鲜活、有效的过程与活动进行学习，方可真正培养学生学习化学的志趣，激励学生并指导学生科学、有效、深度地投入化学学习。

一、教学内容分析

现行苏教版化学 1 专题 4“二氧化硫的性质和应用”部分内容，以酸雨的形成及防治为真实情境，关注二氧化硫在自然界中的产生、存在及治理等重大社会问题，在问题解决的过程中完成对二氧化硫相关知识的理解。对二氧化硫性质的认知以实验探究为主要活动方式，注重调动学生在探究过程中的主观能动和自主获得，突出二氧化硫的主要性质，以性质认知在真实情境中的实际运用为价值追求，不过分强调知识的面面俱到和体系完整。

二、教学与评价目标

(1) 理解二氧化硫的酸性、还原性，了解二氧化硫的漂白性，能根据二氧化硫的性质对其进行辨识、应用。

(2) 客观认识二氧化硫及其转化所蕴含的内在价值，通过对二氧化硫性质及其转化的认知合理发挥其正面作用。

(3) 初步了解酸雨的形成原因，会从不同视角分析酸雨的形成及其造成的危害，初步形成科学判断和决策能力。

三、教学重难点

教学重点：二氧化硫的性质及其转化认知，酸雨的形成及防治原理；

教学难点：辩证看待二氧化硫及其转化的作用，运用对二氧化硫及其转化的理解构思解决酸雨防治的初步方案，尝试发挥二氧化硫及其转化的正面价值。

四、教学方法

对二氧化硫及其转化的认知可以从多视角、多渠道、多方式获得，教师在教学中对支持学习的信息资源应秉承开放批判的态度，鼓励学生从更多的渠道、以更多的方式、以更开阔的视角获取更多的信息，但需引导学生用批判的视角与思维去分析、加工、整合相关信息，形成对二氧化硫及其转化认知的观念和方法的提炼与总结；学生正确看待二氧化硫及其应用的价值与应用，学习利用所学知识去合理解决问题、科学发挥作用。教师传授给学生正确的思辨方法，组织学生参加基于真实问题的多元思辨活动，在辩证与批判的活动中不断提升学生自身思维能力，完成深度学习和思考的任务。

五、教学媒体

充分运用教材、教学资料相关教学资源，正确合理地利用网络资源获取学习所需的信息，并通过社交互动平台（如 QQ、微信等）媒体及资源，使师生之间、生生之间实现快速、持久的交流互助和资源共享。数字化实验工具（主要是 pH 传感器、电导率传感器和氧气传感器的使用）。

六、教学过程

【课前任务】以学习小组为单位，通过互联网、教材、教辅教参、书报杂志等媒介，分为二氧化硫的性质、二氧化硫的应用价值和二氧化硫的危害三个主题进行自主先学。要求整合目前已学习能理解的内容，形成 300 字左右的文字报告，注明内容具体出处并提取其中关键词。将本组的文字报告上传学习 QQ 群，以供别组参考学习（关键词无需上传，仅上传文字报告即可，但需注明每段内容的具体出处）。在课前一天将本组准备材料传给教师，供教师课前准备。

【课前准备】教室无线网络环境、学生自备手机等移动终端建立学习 QQ 群；收集各组学习报告（有文献出处和关键词），上传 QQ 群文件，配置二维码。

【引入】对于今天学习的主题——二氧化硫，大家其实并不陌生。之前的学习中已经了解它是一种酸性氧化物，是造成酸雨的罪魁祸首，以至于很多人提起二氧化硫不禁咬牙切齿，欲除之而后快。二氧化硫究竟是怎样的一种物质呢？它真的如大多数人印象中一般罪大恶极、罪不可赦吗？课前同学们通过网络、教材、资料、文献等多种渠道对二氧化硫进行自学，每小组都提交了书面报告供同学们交流学习（扫描现场大屏上的二维码或到群文件中均可找到各组成果）。下面请同学们在组内交流、完善你们学习后总结的关键词，选择一位同学的作品代表本组拍照上传。

【电子大屏准备】PPT 页面——六篇文档的二维码 + 学生待完成填写关键词表格。

生：填写学案上关键词表格，拍照上传 QQ 群。

师：巡视各组情况，相应指导，督促各组将完成的学案部分拍照上传。

【交流互动】让我们来观看各组的认知成果（展示 2～3 组关键词成果，点评强调相关内容重点、强调应用价值、强调互为补充）。各组的表现都很棒，但我注意到两个问题。一是从资料来源看，绝大多数组选择了网络，可惜网络资源不少是片面甚至错误的，如想真正学习知识还需要借助教材、教辅、专业书籍、文献等资料，希望同学们在今后的学习中能够加以重视；二是学习过程中会从各种渠道得到海量信息素材，需要进行整合归纳、提炼关键，这样的学习才有效。

通过同学们的课前先学，可知二氧化硫并非一无是处，其实也做出了许多有益的贡献，关键在于我们如何有效利用、规避风险。这需要我们必须全面了解二氧化硫的性质方能实现。

【设计意图】学生在小学科学、初中化学等学科的学习中对二氧化硫及酸雨的形成有一定的了解，具备通过文献、资料查询进行自主学习的能力，因此充分激发学生文献参考的意识、学习一定的文献查阅与分析的方法，是高中阶段必需的技能培养。借助网络资源的学习与共享，可以有效地引导学生正确且科学的使用互联网资源，充分发挥互联网学习的正面价值，同时提升学生的信息素养。

【方法指导】同学们在之前的学习中对认识物质性质的一般思路方法应该有大体的认识（结合 PPT——掌握物质性质的一般思路方法）。

我们就按照这种思路方法对二氧化硫的性质进行认知。

【展示】一试管二氧化硫气体，观察颜色、状态、气味。后面学习中还有机会继续认识二氧化硫。

【总结】掌握物质性质的一般思路方法、二氧化硫的性质。

1. 酸性氧化物

从所属类别上看，二氧化硫属于酸性氧化物，因此应该可以与水、碱、碱性氧化物反应。二氧化硫与水反应生成亚硫酸(同步书写化学方程式)，与氢氧化钠溶液反应则生成亚硫酸钠。此外二氧化硫也能与石灰水、氨水、生石灰等反应生成亚硫酸盐，请课后参照表格形式补充完善相关内容。从酸性氧化物的视角看，二氧化硫与另一典型酸性氧化物二氧化碳的组成、性质非常相似。

2. 还原性/氧化性

二氧化硫中的硫、氧元素分别为 +4、-2 价，相比而言硫元素化合价变化趋势更大。硫元素常见价态除 +4 外，还有 +6、0、-2 价。当二氧化硫中的硫元素升高至 +6 价时体现还原性，降低为 0 或 -2 价时体现氧化性，中学阶段以研究它的还原性为主。氧气与氯水是我们熟悉的氧化剂，二氧化硫与氧气反应生成三氧化硫，但需要催化剂和加热条件下方可完成；二氧化硫与氯水反应产物推测。可见，二氧化硫作还原剂在无水环境下生成三氧化硫，在水溶液中生成硫酸或硫酸盐。同学们还认识双氧水、高锰酸钾酸性溶液等氧化剂，请课下在表格中完成原理推测。

3. 品红(一种色素)溶液与二氧化硫反应原理及现象预测。

【创新实验】问题引领：若将上述二氧化硫的性质通过实验实现，会出现什么现象？

学生预测部分现象、遇到无明显现象的问题时可提示借助指示剂完成。

【说明】当溶液中发生的反应出现沉淀、气体或颜色变化时，现象易于观测；若反应前后无明显变化，可加入某指示剂帮助判断反应的进行。

问题引领：如让同学们进行上述八个有关二氧化硫的实验。老师着实于心不忍，因为二氧化硫具有刺激性气味且有毒，同学们在享受实验快乐的同时难免深受其害。大家能否想到什么办法，让这些反应尽量在封闭的环境中进行，且消耗的药品试剂尽量的少(既节约药品，又保护环境)？

生：想象、设计、创新、展示、思辨。

师：发现亮点及时上传，安排该组学生表述设计思路并及时给予评价。

师：我的尝试——集满二氧化硫的试管，橡皮塞塞紧。玻璃棒上贴有 pH 试纸、碘试纸(是否用碘 + 淀粉试纸代替)、品红试纸，提示进行反应之前应先润湿，放入试管，塞紧橡皮塞，观察现象即可。

下面请同学们动手完成实验，提示将实验前后试纸拍照进行对比，上传QQ群与同学们共享。

【解释】试纸颜色变化背后的原因是什么？（学生分析解释）提示碘单质性质与氯单质类似，也是常见的氧化剂，故该反应体现二氧化硫的还原性；品红试纸褪色而pH试纸只变红未褪色，可见其漂白作用是有选择性的。

【设计意图】二氧化硫的学习是高一阶段元素化合物知识学习的尾声，学生在前期学习过程中已逐渐熟悉并掌握关于物质及其转化认知的一般思路方法，因此可以尝试建构元素化合物的认知模型，并使用演绎的思维方法在新的认知过程中迁移应用，通过实验事实的校验可以更为深刻地对物质及其转化规律普遍性和特殊性进行理解。在此过程中逐渐发展学生“宏观辨识”“微观探析”“变化观念”“证据推理”“模型认知”“科学探究”等学科核心素养。

【演示实验】为帮助同学们加深对二氧化硫性质的认识，再进行一组实验。

1. 用针筒收集80 mL的二氧化硫气体，再吸入一定体积的水，观察现象。

2. 取二氧化硫的水溶液加入氯化钡溶液，再滴加双氧水，观察现象。

【分析】实验1针筒中吸入水后气体体积迅速减小，说明二氧化硫在水中溶解性较好。实验2亚硫酸溶液与氯化钡不发生反应，但加入双氧水后很快产生大量白色沉淀，说明亚硫酸被氧化为硫酸，从而生成硫酸钡沉淀。

【原理探析】上述分析预测是否合理需要科学严密的实验证据支持。证明亚硫酸被氧化为硫酸可依据两个事实：一是溶液酸性明显增强，二是硫酸根离子的生成。为有效判断上述事实，可借助数字化实验工具。分别使用pH传感器、电导率传感器监测亚硫酸与氯化钡的混合溶液滴入双氧水前后溶液酸性、离子浓度的变化，通过数据及其变化趋势进行论证说明。为说明空气中氧气也可将亚硫酸氧化，可在上述装置的溶液中再增加氧气传感器，监测溶液内氧气含量的变化，通过三个传感器数据的采集全面论证氧气将亚硫酸氧化为硫酸的过程，双氧水实则为氧气氧化效果的“功放”。

【设计意图】二氧化硫水溶液在空气中被氧化的原理探究既是酸雨形成机理认知的关键，也是通过实验探究发展学生学科素养的关键。在充分开发教材实验的思维

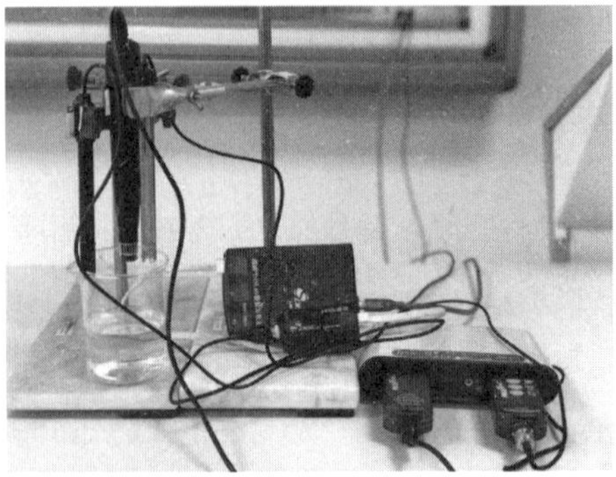

图 6.1　二氧化硫水溶液被氧化的数字化实验(pH、电导率、溶解氧、温度传感器)

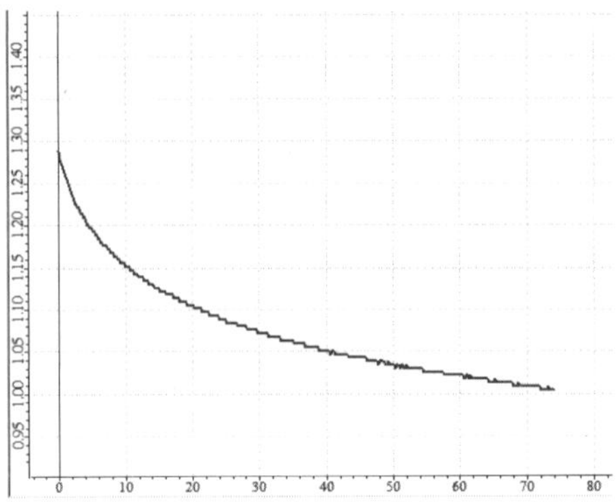

图 6.2　二氧化硫水溶液在空气中静置 70 s，pH 变化趋势

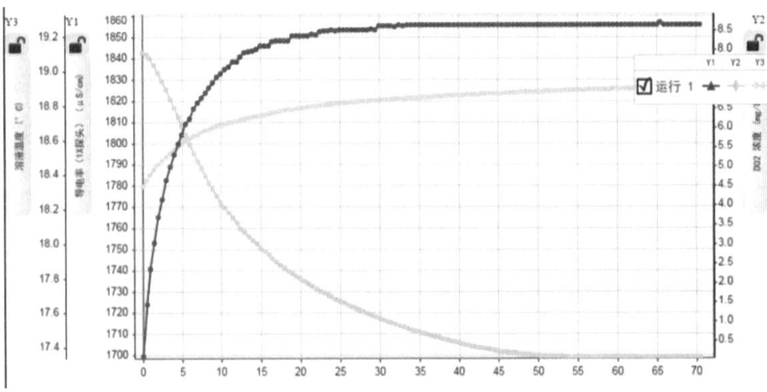

图 6.3　二氧化硫水溶液在空气中静置 70 s,电导率(Y1)、溶解氧(Y2)、温度(Y3)变化趋势

广度和深度的同时，重视实验的定性分析与定量分析相结合，使用数字化实验科学、直观的表征实验过程中各观测视角的变化趋势，充分运用数字化、信息化手段突破认知过程中的难点，有效提升学生“证据推理”“科学探究”等方面的学科核心素养。

【解释】在全面了解认识二氧化硫的基础上，让我们学以致用，首先试着解释酸雨是如何形成的？为什么与二氧化硫有关？

生：看图说话，回答PPT中“空气中的二氧化硫从何而来？二氧化硫如何转化为硫酸？何谓酸雨？”三个问题。

师：1. 正常雨水因含有碳酸也显酸性，所谓酸雨指因发生化学反应使雨水酸性明显增强；

2. 形成过程的实质是含硫化合物的不断转化，其基本原理是利用了酸性和还原性；

3. 酸雨的形成过程可以借鉴以实现生产硫酸，达到趋利避害；

4. 除了硫酸型酸雨外，还有硝酸型酸雨，有待后续学习。

【解释】图中箭头指向代表酸雨的流向及造成的危害。

【深入研讨】防治酸雨的措施：有效针对其成因，对症下药。同学们可以查阅各种资料，了解目前防治酸雨的方法。更期待同学们提出自己的精彩创意构想！

生：查阅资料了解，认识基本原理，进行精彩创意。

师：巡视、点拨、总结、组织。

【回顾点题】利用本节课学习的二氧化硫的性质，再回到课前同学们所收集的各种素材，会发现二氧化硫的各种应用均为其酸性、还原性（或氧化性）及漂白性的具体体现，可见学好化学知识对正确地使用物质、有效规避其风险危害弥足关键。化学品不是危险品，化学不是灾难，希望同学们都来做这一观念的宣传者、践行者！

【设计意图】在深度认知二氧化硫性质的基础上，对酸雨的成因、危害、防治进行有逻辑的思辨，是化学学习的情意价值、社会价值的具体体现，逐步培养学生建立绿色化学观，形成受益终生的科学责任观，引导学生重视并践行生态文明建设，是化学学习责无旁贷的任务。对二氧化硫应用的正面价值与负面危害的深度思辨，将学生的逻辑思维进一步向辨证思维发展，形成对物质及转化、对化学的科学认知观，是化学学习责无旁贷的任务。

【课堂总结】请各组用简单精炼的语言，概括本节课学习的收获与体会。

教学反思

本节课鼓励学生基于互联网平台的学习进行资源收集与加工提炼，是一次不同于习惯传授知识方式的大胆尝试，但如何将互联网平台的快速获取知识与习惯传授方式的循序渐进有效融合，还需要继续深度探讨。将二氧化硫的性质与二氧化碳进行类比，更贴近学生思维的形成与发展机制，更便于学生深度理解，但如何设计合理、流畅、合乎逻辑的教学流程，还需要继续深度探讨。二氧化硫尽管具有毒性且能造成一定的社会危害，但合理地加以利用也可以产生巨大的效益和价值，需要教师引导学生深度批判与辩证思考，其有效策略的选择和运用还需要深度探讨。

同行评价

本节课教学中教师营造了浓厚的学习探究氛围，体现较深厚的学科功力、较高的信息化水平和对未来学习方式、教学方式的思考与探索。注重对教学资源和素材的开发，引导学生科学、合理地获取和分析网络信息资源，启迪学生运用互联网进行学习。教师教学理念新颖、创新意识浓厚，充分利用互联网交互工具，采用拍照上传、图片共享、在线交流等方式实现了师生、生生的教与学互动，教学效率有效提升。

教师对课程标准的认知和教学目标的定位准确合理，并基于教学目标有效建构与重组了教学内容，以物质认知、价值思辨、合理应用为线索组织教学。在教学活动中引导学生进行知识学习的同时，注重对学生逻辑推理、多元思辨、批判论证等高阶思维能力的培养。教师对实验资源的开发尤为值得称道，实验资源设计合理、全面，所设计的学生实验注重微型化、绿色化，演示实验注重实证化、数字化。

学生自学环节所设计“关键词”的选择似乎受高考桎梏、不够开放，可启发学生用更广阔的视角进行认知、思考和表述；教学中还可以给学生更多的表现机会，激励学生产生观点和思想的交流、碰撞与融合，从而进一步拓展学生学习活动的深度和广度。

专家评价

姚斌(徐州高级中学,中学特级教师)

本节课师生借助互联网平台和手机等终端工具进行教学,有利于进行师生、生生的多边深度互动,展现了未来学习的发展方向。教学设计针对二氧化硫的功与过,研究如何有效利用二氧化硫。教师有效发掘教材资源的人文价值,将各种知识有效整合,运用学科知识弘扬正能量,彰显化学学习的学科责任和社会责任。使用问题驱动式教学,设置具有启发性、思考性的问题。教学基于已有知识、证据推理、信息环境、实验辩证、应用价值和学科思想,使学生核心素养得到一定的发展提升。

教学建议:进一步思考深度运用互联网资源的方法,引导学生自主在网络环境下撷取有效资源,获取有效信息。教学中不仅要注重活动和思考,还应该适时对知识的系统进行总结。深入认知酸雨的成因,如雾霾在其中的作用和影响。部分实验内容仍可进一步进行精准化、定量化研讨(如二氧化硫溶于水等相关实验)。

课例17　离子反应

郝蓓(徐州高级中学)

一、教学内容分析与教学流程

1. 教材分析

离子反应的相关知识贯穿了中学化学的教学,其内隐于课程教材知识体系中,并随知识层次的推进而深化发展。初高中衔接阶段需要理解复分解反应的概念,化学1专题1阶段要求认识电解质在水溶液中的电离,化学1专题2阶段要求认识离子反应,化学反应原理阶段对离子反应有更多的研究。四个阶段体现学生知识进阶的过程,而学生在学习知识的过程中培养了元素观、微粒观、变化观、能量观、平衡观等观念,又体现学生能力的进阶,学生核心素养的培养。

初中化学对硬水有简单的介绍:溶有较多含钙、镁的可溶性物质,会书写涉及到的钙镁化合物的复分解反应方程式,化学1专题1学习了电解质的知识,学生已知硬水中含有较多钙离子、镁离子等离子，本节课即建立在该认知基础上。

2. 学情分析

学生已知硬水中含有较多 Ca^{2+} 、Mg^{2+} ，并且在化学 1 中掌握了关于 Ca^{2+} 、Mg^{2+} 的检验方法，具有一定的实验设计能力。但是高一学生化学思维并未形成，在教学过程中仍需要教师引导并培养。

3. 设计流程

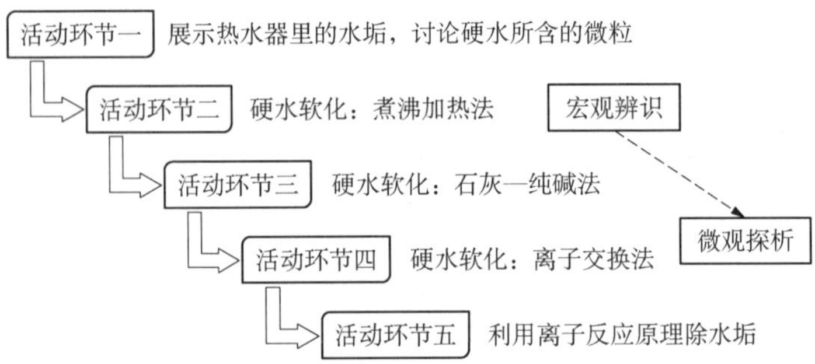

图 6.4

本节课借助硬水软化的过程，培养学生从宏观和微观相结合的视角分析解决实际化学问题，培养学生宏观辨识与微观探析的核心素养。

二、教学目标

通过实验探究让学生认识生活中处处存在着离子反应，通过对离子反应本质的认识、分析过程，初步建立离子反应的认识模型，培养学生的微粒观。

通过对硬水软化的实验模拟过程，发展学生实验探究、分析水平，感受离子反应的价值，学会运用离子反应解决生活生产中简单的化学问题。

三、教学过程

环节一：引入水垢，分析硬水的成分

【展示图片】

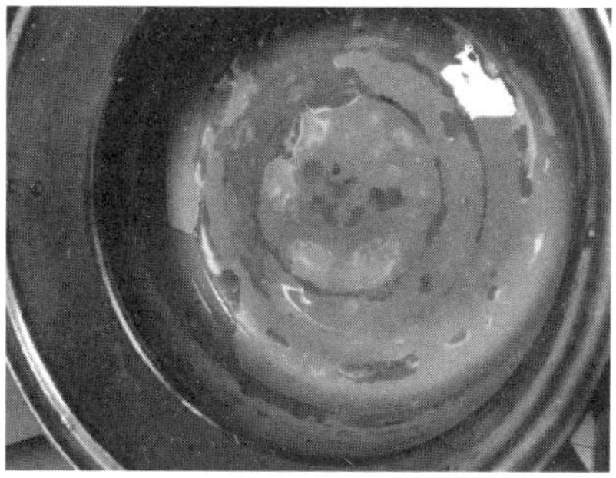

图 6.5　锅底水垢

师：为什么热水器里有大量水垢？

生：因为硬水造成。

师：硬水中含有哪些微粒呢？

生：含有 Ca^{2+}、Mg^{2+}、NO_3^-、HCO_3^-、H_2O、$CaCl_2$、$CaSO_4$ 等多种微粒。

师：如何检验硬水中含有离子？

生：讨论、回答。

实验：介绍电导率仪测量自来水与纯水的电导率值，比较自来水与纯水的不同。

图 6.6　实验室纯水电导率值

图 6.7　实验室自来水电导率值

师：硬水分为暂时硬水和永久硬水，由不同离子溶于水中引起。

【设计意图】用生活中常见现象水垢引入对硬水的分析，过渡自然，符合学生的认知。学生在回答硬水所含的微粒时提到 $CaCl_2$、$CaSO_4$ 也符合其认知发展，学生知道硬水中含有 Ca^{2+}、Mg^{2+}，但还是习惯性用化合物形式表示。使用电导率仪的目的是将肉眼看不见的微观世界借助于技术手段展现出来，方便学生的理解认知。讲解硬水分类也是为后面的设计提供知识基础。

环节二：硬水软化——加热煮沸法

师：硬水会给生活带来许多不便，如何将硬水软化？

生：加热煮沸。

【实验】使用电导率笔测定白开水、自来水电导率值。

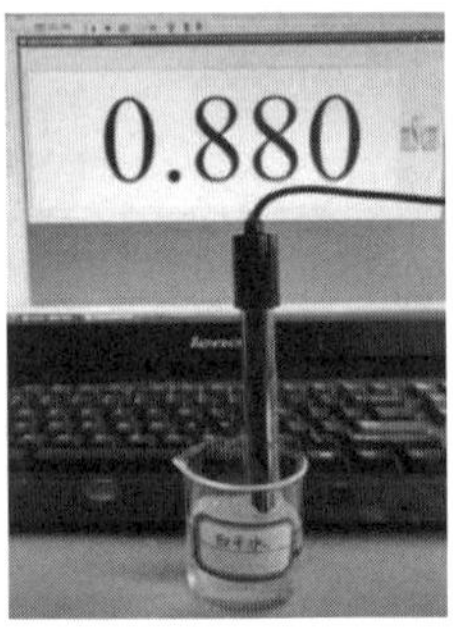

图 6.8　白开水电导率值

图 6.9　实验室自来水电导率值

师：煮沸法只能除去暂时硬水。

【设计意图】讲解硬水软化煮沸法既能顺应课程的发展，承上启下，又能让学生宏观感受 Ca^{2+}、Mg^{2+} 的沉淀转化。使用数字传感器测量纯水、自来水、白开水的电导率值，通过数值的变化让学生明显感知微观世界及变化，提升学生“证据推理”“微观辨识”的核心素养。

环节三：硬水软化——石灰—纯碱法，构建离子反应认知概念

师：有没有其他化学方法能除去 Ca^{2+}、Mg^{2+}？

【分组实验】学生设计实验方案，填写步骤，观察现象，整理结论。

师：根据什么原理选择试剂进行反应？

生：设计复分解反应，使 Ca^{2+}、Mg^{2+} 转化为白色沉淀 $CaCO_3$、$Mg(OH)_2$、$MgCO_3$ 而除去。

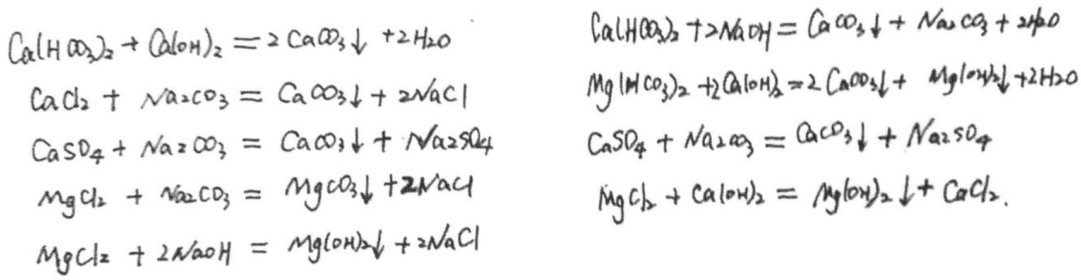

图 6.10

师：为什么各小组的实验现象很相似？

生：$CaCO_3$、$Mg(OH)_2$、$MgCO_3$ 等均为白色沉淀所以性质相似。

师：为什么相似的实验现象书写的化学方程式却不同？

生：选取的反应物 $CaCl_2$、$MgCl_2$、$Ca(NO_3)_2$、$Mg(NO_3)_2$、$CaSO_4$ 不同，化学方程式的书写不同。

师：选取不同组学生中的 2 支试管实验“$CaCl_2$、$CaSO_4$ 分别与 Na_2CO_3 溶液反应”进行分析：

$CaCl_2 + Na_2CO_3 = CaCO_3\downarrow + 2NaCl$　$CaSO_4 + Na_2CO_3 = CaCO_3\downarrow + Na_2SO_4$

生成白色沉淀是由于 Ca^{2+} 与 CO_3^{2-} 反应生成 $CaCO_3$ 沉淀，而 Na^+ 与 Cl^-、SO_4^{2-} 在溶液中的存在形式如何？

生：有学生认为生成了 $NaCl$、Na_2SO_4，有学生认为依然以离子形式存在。

实验：使用电导率仪测量 0.1 mol·L^{-1} 20 mL $CaCl_2$ 溶液与 0.1 mol·L^{-1} 20 mL Na_2CO_3 溶液反应前后的电导率值变化情况。

图 6.11　$CaCl_2$ 溶液的电导率值

图 6.12　$CaCl_2$ 溶液与 Na_2CO_3 溶液反应后电导率值

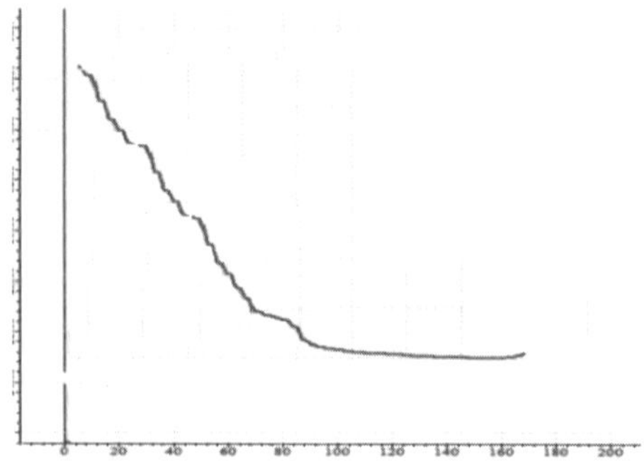

图 6.13　同浓度同体积 $CaCl_2$ 溶液与 Na_2CO_3 溶液反应前后电导率值变化情况

生：由反应后电导率值可知溶液中依然存在大量离子，说明 Na^+、Cl^- 是反应前后不参加反应的离子，同样 Na^+ 与 SO_4^{2-} 也并未参加反应，实际参加反应的是 Ca^{2+} 与 CO_3^{2-} 离子，即离子反应为：

$$Ca^{2+} + CO_3^{2-} = CaCO_3 \downarrow$$

师：离子反应——有离子参加的反应，用离子方程式表示；化学方程式表示某一特定反应，离子方程式表示同一类反应。

师：使用类似方法分析其他化学方程式，书写其余各反应的离子方程式。

生：书写离子方程式。

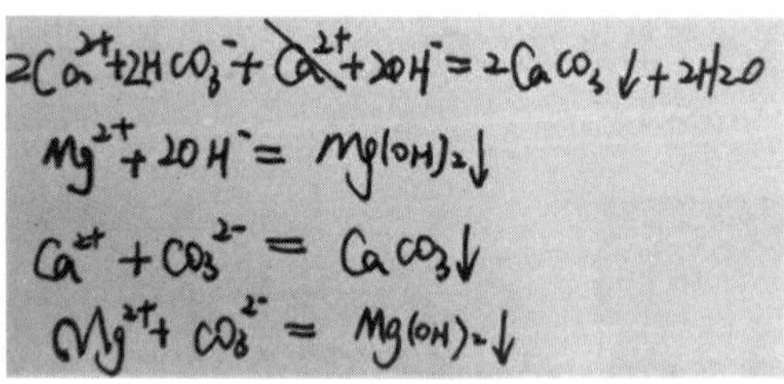

图 6.14

师：请综合考虑沉淀法在工业生产中的可操作性。

生：思考、讨论、回答。

① 加入 NaOH 或 $Ca(OH)_2$ 只能除去 HCO_3^- 形成的硬水，需要控制用量，否则水的碱性会变大。

② 加入 Na_2CO_3 可以除去 HCO_3^-、Cl^-、SO_4^{2-} 离子形成的硬水，效果好但成本太高。

③ 浓度较低的硬水效果不一定很好。

④ 不会减少其他离子的浓度，不一定符合生活或工业生产的需要。

【设计意图】借助于石灰—纯碱法设计实验生成白色沉淀，使 Ca^{2+}、Mg^{2+} 转化，根据实验现象的相似性分析沉淀生成的原因，分析本质是离子之间的反应，构建离子反应定义及反应生成的条件，离子反应的意义。

在实验过程中探讨 Na^+、Cl^- 反应的存在形式时使用电导率仪测量反应前后的电导率值，更能直观感受微观世界的变化。在此教学环节中展开离子反应与离子方程式的概念教学。通过宏观现象生成白色沉淀，分析微观变化的离子，通过数字传感器分析未参与反应的离子的存在形式，很容易让学生找到真正的反应是离子间的反应，从而自然得出离子反应的概念，并且推断出“复分解反应型”离子反应的发生条件。

通过“宏观—微观—宏观”的视角，结合数字化传感器对溶液中的反应进行分析，培养了“宏观辨识与微观探析”“变化观念”等核心素养。探讨沉淀法的优缺点，培养学生科学态度与社会价值的核心素养，学习化学学科最根本任务要为社会为人类而服务。

环节四：硬水软化——离子交换法

师：许多工业生产、医药生产、科学实验室中对水质有更高的要求，譬如“娃哈哈”纯净水电导率值仅为 0.008 ms/cm。

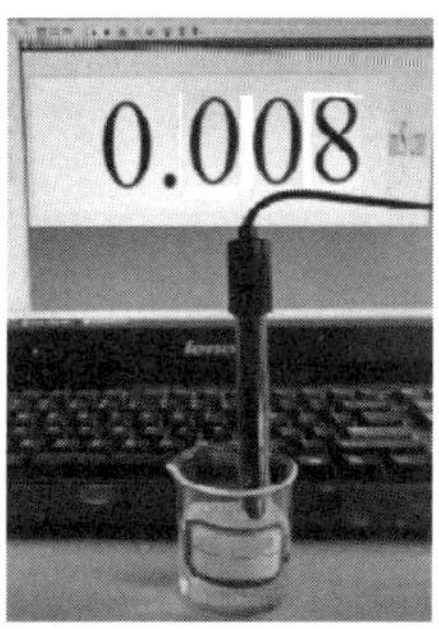

图 6.15　“娃哈哈”纯净水电导率值

师：使用离子交换法进行硬水软化。请根据信息提示书写离子方程式。

生：思考、书写离子方程式。

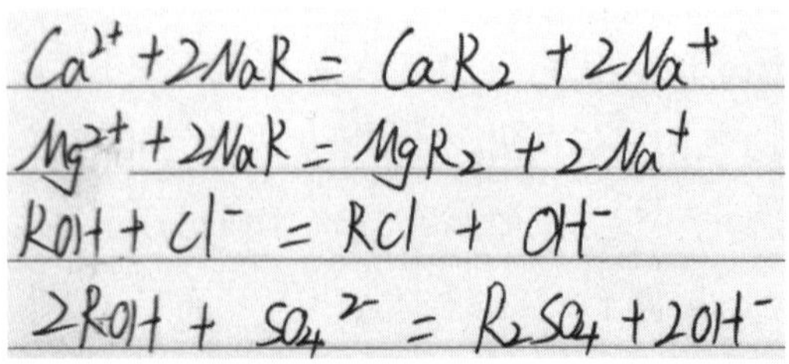

图 6.16

【设计意图】离子交换法利用的亦是离子反应原理，这是对离子反应的应用及知识的巩固过程。使用电导率仪测量娃哈哈（学生提供此品牌）纯净水电导率值，通过数值让学生直观感受离子交换法在硬水软化中的作用。

环节五：利用离子反应原理除水垢

师：我家热水器水垢如何去除？

生：将水垢放入醋酸、稀盐酸、稀硫酸等溶液中即可 $CaCO_3 + 2H^+ \longequal Ca^{2+} + CO_2\uparrow + H_2O$

实验：将两份相同质量的少量水垢分别放入同浓度同体积的醋酸与盐酸溶液中，观察实验现象。

图 6.17　水垢在盐酸与醋酸溶液中的反应

师：同浓度的醋酸与盐酸除水垢，为什么速度不同？测量电导率差别很大，这是为什么？

图 6.18　0.1 mol·L^{-1} 盐酸的电导率值

图 6.19　0.1 mol·L^{-1} 醋酸的电导率值

生：溶液内所含离子浓度不同，所含 H^+ 浓度不同。

师：盐酸在水溶液中能完全电离出 H^+，醋酸不能完全电离出 H^+。

电解质根据电离程度不同可分为强电解质与弱电解质，强电解质在水溶液中能完全电离，电解质在溶液中的反应即是离子反应。

【设计意图】利用离子反应原理除水垢既是对离子反应的应用，也是呼应课堂开始时创设的情境，起到首尾呼应的效果，并根据同浓度盐酸、醋酸与水垢反应的速度的不同，引入强弱电解质的学习。利用电导率仪间接测量溶液中的离子的浓度，能让学生更好的感知微观世界的变化，理解离子反应的本质。本环节仍旧通过“宏观—微观—宏观”的视角，借助于数字化传感器探究化学反应的发生，培养学生“宏观辨识与微观探析”“变化观念”等核心素养。

教学反思

本节课借助硬水软化的过程，引导学生学会从微观角度分析水溶液中的反应。在教学中将微观世界的变化用宏观现象或数字化实验手段展示出来，感知无法用肉眼观察到的微观世界。并在解决、分析问题中学会离子反应这一化学概念。

数字化实验技术能方便而迅速地通过图像刻度计表格视频等多种形式动态显示实验变化的整个过程，并能进行形象直观的数据分析处理。将传统实验与数字化实验相结合，在课堂上可以更好地培养学生宏观微观相结合分析溶液中反应的能力，让学生轻松体验科学实验中的真实变化，应用思路解决真实复杂问题。

知识的起源与发展都是自然的，联系一下它的背景、形成过程、应用，那么它就是水到渠成、浑然天成的产物，离子反应的概念亦是如此。

同行评价

本节课突出重点，突破难点，思路清晰，目标落实到位。教师利用生活中的现象——热水器里的水垢问题，引发一连串思考，并将这个情境贯穿课堂始终。用数字化实验探究硬水、软水、纯净水中离子浓度，将看不见的离子可视化，大大提高学生的兴趣。教师秉承“在课堂上将学生的积极性调动起来，让所有的学生参与到课堂上来，对提出的问题能够主动动脑筋思考，将问题放到学生中来，让学生讨论出结果来”的教学理念，课堂上充分体现了知识的发生发展过程，符合学生的认知规律。

这节课层层设问，巧妙渗透，从生活中的现象引出到知识理论的建立，让学生充分感受到学习知识是分步推进的，同时也认识到基本理论知识的内在联系，做到教材与学生结合，积极调动学生参与到课堂中来。教师在上课过程中富有激情，不仅可以感染学生，消除他们的疲劳，而且有助于提高课堂效率。

专家评价

姚斌（徐州高级中学，中学特级教师）

化学从生活中来，最终用于指导生活、提高生活品质，这是化学学科的价值所在。本节课从常见的生活情境入手，通过实验探究，借助电导率仪将溶液中微观离子浓度大小及变化情况通过数值形式呈现给学生，例如展示盐酸和醋酸中电导率数值的大小，可直观展示出强弱电解质的区别；通过离子反应生成沉淀的宏观现象及电导率数值变化趋势，得出离子反应的实质。

以“问题”解决为导向，以除去水中钙镁离子为主题，探究溶液中离子反应的问题。本节课环环相扣，设计巧妙，将核心素养落实到具体的教学环节之中，是值得借鉴学习的。建议在第二课时加强离子反应、离子方程式书写及正误判断等基本技能训练。

第7章　复习课教学课例

在核心素养视域下，复习课不仅是知识点的再现，其目标指向应是学生知识巩固、迁移与应用。因此，复习课不是简单地对所学知识进行记忆和理解，而是需要将平时相对独立、分散的知识，通过再现、重组、联结的方式整合起来，理清各部分知识之间的纵向联系和横向联系，从而形成合理的结构化的认知网络。在此基础上，学生对知识之间的联系、对知识的理解会更为深刻，且能够长时记忆、灵活运用，从而做到举一反三、触类旁通地解决新问题，即实现了知识的迁移和应用①。

复习课的教学能帮助学生习得知识，建构意义，并生成能力。在教学中应该培养学生"宏观辨识与微观探析""变化观念与平衡思想""证据推理与模型认知""科学探究与创新意识"和"科学精神与社会责任"五个维度。核心素养视域下，赋予复习课独特的教育价值和课程意蕴。设计复习课可采用以下策略②：

(1) 生活场景类比。将化学知识和实验操作与日常生活联系，创设情境，活跃氛围。

(2) 主题知识拓展。围绕核心知识点，设计一系列问题，促使学生深入思考，自主建构，加深对知识的理解。

(3) 建构知识背景。对旧知识背景进行重新设计，考查学生综合运用知识的能

---

① 杨玉琴，赵华. 核心素养视域下的初中化学专题复习课教学策略——以"我们周围的空气"复习课为例[J]. 化学教学，2018(6)：41—47.

② 孙成余. 初中化学复习教学设计的几点策略[J]. 中学化学教学参考，2012(11)：21—22.

力，提升素养。

课例 18 氨及其化合物的性质

许甘泉（兴化市第一中学）

一、教学内容分析与设计思路

1. 教材分析

本节课是人教版化学 1 第四章第四节关于氨和硝酸的高三一轮复习课，由于间隔新授课时间较长，所以需进行全面复习，通过实验的引入复习基本概念，由实验事实推导物质性质，得到对物质结构的认知，认识氨及其化合物在生产生活中的应用。本节是复习课，不同于新授课，要有足够的留白。学生通过学习，将可能存在的错误概念纠正，将碎片化知识进行综合整理从而形成思维导图；培养学生对科学严谨认真的态度。对于氨及其化合物其他相关难点不做深入探究。

2. 学情分析

本节是高三关于氨和硝酸部分知识的复习课，由于氮元素化合价的多样性带来其化合物反应的多样性，知识点的多元性可能会加大学生在学习过程中的难度。本节课以氨的性质为主线连接起各化合物之间的联系，最后的思维导图也是帮助学生更有效地认知含氮元素的性质，不仅帮助学生解决记忆中存在的难度，还要进一步促进学生化学学科核心素养的形成。

3. 教学思路分析

教学环节一：从喷泉实验入手复习氨气的物理性质，了解喷泉实验形成的实质原理，并让学生学会自己设计不同的喷泉实验，使学生了解喷泉实验的原理，分析氨气在水中溶解度较大的原因，体现了“科学探究与创新意识”和“宏观辨识与微观探析”的目标。

教学环节二：分析氨分子的结构以及氮元素化合价，了解氨的化学性质——氨与水的反应、氨与酸的反应、氨的催化氧化反应等，体现了物质分子结构对物质性质的影响，再认识物质性质对化学性质的作用，体现了“变化观念与平衡思想”“证据推理与模型认知”的目标要求。

教学环节三：回顾氨气的实验室制备方法，再联系浓氨水与浓盐酸的反应复习铵盐的物理性质和化学性质，并对铵根离子的检验原理进行分析。认识铵盐在生产、生活中的应用，以及铵盐的存储问题，体现了“科学精神与社会责任”的核心素养。

教学环节四：再从氨的用途入手复习氨制备硝酸的制备流程，探讨酸雨的种类——硫酸型酸雨和硝酸型酸雨，分析如何消除酸雨的影响。将硝酸的强氧化性作为复习的重点内容，认识硝酸的化学性质，体现了“科学探究与创新意识”和“科学精神与社会责任”的目标。

教学环节五：以氨为线索、以相关反应为连接做出关于氨、铵盐、硝酸性质的思维导图，通过思维导图帮助学生认识物质之间的联系，建构化学学科思维知识体系，高效地学习有关含氮元素物质性质。

二、目标分析

认识氨气的物理性质、化学性质，能分析氨与水反应、氨与酸反应、氨的催化氧化反应，通过对氨气实验室制备的方法分析并掌握铵盐的性质（铵盐的物理性质、受热易分解、与碱的反应），氨的用途中涉及硝酸的制备，并由此对硝酸的化学性质进行学习，认识酸雨的形成原理，并探讨如何处理酸雨带来的环境污染问题。

三、教学重难点

教学重点：从氨的用途入手学习其他含氮元素化合物的性质。

教学难点：含氮元素化合物之间的转化及相关反应。

四、教法分析

利用多种不同情境的引入帮助学生更好地认识含氮元素物质的性质，通过思维导图的构建帮助学生形成化学学科的知识体系，提升化学学科核心素养。

五、教学过程

【教学环节一】情境引入：请大家观看一个实验视频——氨气喷泉实验的视频。

师：这是氨气的喷泉实验，大家能分析本实验的原理吗？

生：因为氨气在水中的溶解度很大，圆底烧瓶中的氨气全部溶解在水中，使得圆底烧瓶中的压强很快减小，与外界形成压强差，松开止水夹后因为压强差的原因烧杯中的水进入圆底烧瓶；氨溶于水形成的溶液呈碱性，加了酚酞的水进入后溶液变为红色。

【问题】根据本实验能得到关于氨气的什么物理性质？如本实验中还有没有涉及到的其他性质请补充完整。

生：氨气是无色、有刺激性气味的气体，密度小于空气，极易溶于水（1∶700），易液化，液态氨在气化的过程中会吸收大量的热，可以作为制冷剂。

【问题】该实验是用胶头滴管里的水吸收氨气形成内外压强差，如果不用胶头滴管加水是否还有其他办法能成功地完成本实验呢？

生：喷泉实验成功的关键是内外形成压强差，主要是氨气与水接触，可以加热圆底烧瓶或者冷却圆底烧瓶，使得下方烧杯中的水进入圆底烧瓶中。

【知识拓展问题】请同学们思考一下如果将圆底烧瓶中的氨气换为二氧化碳气体，是否也可以形成喷泉？如不能，需要做如何变化才能形成？

生：二氧化碳在水中的溶解度不大，不能形成很大的压强差，所以不能形成喷泉，可以将胶头滴管中的水换成浓度较高的氢氧化钠溶液，将二氧化碳充分吸收，形成压强差。

【拓展问题 1】同为气体，为什么氨气在水中的溶解度非常大而二氧化碳在水中的溶解度相对较小呢？

生：氨气和二氧化碳在水中溶解度的差异与其分子结构有关，水和氨气同是极性分子，二氧化碳是非极性分子，根据“相似相溶”的原理氨气在水中的溶解度较大。

【拓展问题 2】氨气中氮原子的杂化形式是什么？氨气分子结构是什么样子？

生：氨气分子中氮原子的杂化形式是 sp^3 杂化，其中有三个杂化轨道与氢原子形成共价键，还有孤电子对存在，氨气分子为三角锥形的结构。

【设计意图】喷泉实验的引入唤起了学生对氨气物理性质的认识，并根据该反应拓展学生关于喷泉实验形成原理的思考，培养学生科学探究意识。根据氨气和二氧化碳在水中溶解度大小比较和原理分析，强化物质结构对性质的影响，体现“宏观辨识与微观探析”的核心素养。

【教学环节二】师：氨气是中学范围内唯一的碱性气体，溶于水形成的溶液也是碱性。氨溶于水，大部分氨与水生成 $NH_3 \cdot H_2O$，部分生成物电离：$NH_3 \cdot H_2O \rightleftharpoons NH_4^+ + OH^-$。氨气溶于水形成氨水，$NH_3 \cdot H_2O$ 不稳定，受热易分解生成氨气。请分析氨水中的情况。

生：在氨水中存在以下平衡：$NH_3 + H_2O \rightleftharpoons NH_3 \cdot H_2O \rightleftharpoons NH_4^+ + OH^-$，当温度升高，氨气在水中溶解度降低，则平衡打破。在实验室中可以利用加热浓氨水的方法制备少量的氨气。

【问题】氨水中存在的粒子种类？

生：氨水中共含有六种粒子，分别是 H_2O、NH_3、$NH_3 \cdot H_2O$、NH_4^+、OH^- 和少量的 H^+。

关于氨气用途的视频：氮肥是世界化肥生产和使用量最大的肥料品种，自然界中氮肥浓度不高、含量较少，所以农作物产量没有大的提高。德国科学家哈伯发明了人工合成氨的方法，加速了世界农业的发展，使人类逐渐摆脱了因为粮食不足带来的饥饿问题。合成氨工业的大规模发展，使得硝酸铵的生产获得了丰富的原料，特别是在 20 世纪中期发展迅速。硝酸铵可以用来制备炸药，在给人类造福的同时也带来了巨大的灾难。

【知识引入】请大家复习工业合成氨的方法，并回忆实验室如何制备氨气。

生：工业合成是利用氢气和氮气在高温、高压、催化剂的作用下合成氨气。实验室制备氨气有多种方法，主要有：铵盐与碱混合加热、加热浓氨水制备少量氨气、将浓氨水滴入生石灰中。

【问题】分析氨中氮元素化合价，分析氨的化学性质以及可能发生的反应。

生：氨中氮元素的化合价为 -3 价，是氮元素的最低价态，氨气可以被氧化：$4NH_3 + 5O_2 \xrightarrow[\triangle]{\text{催化剂}} 4NO + 6H_2O$，是工业制备硝酸的反应，生成的一氧化氮再生成二氧化氮，最后合成硝酸。氨还可以发生其他反应，氮元素被氧化。

【设计意图】利用平衡原理分析氨水中的变化，利用氨分子中氮原子化合价分析氨气的化学性质，体现了“变化观念与平衡思想”“证据推理与模型认知”的核心素养。

【教学环节三】实验演示：“空瓶生烟”。两只盖着玻璃片的“空”试剂瓶，将一只试剂瓶倒扣于另一试剂瓶上，拿开两只试剂瓶上的玻璃片，此时在两只试剂瓶中产生大量的白烟。

【讲述】氨气与氯化氢气体反应生成氯化铵。试着说明实验原理以及相关应用。

生：氨气和氯化氢气体都是无色，相遇发生反应生成氯化铵，浓硝酸和浓盐酸等挥发性酸遇氨气会产生白烟。利用这样的方法可以检验化工管道是否漏气。

【知识点引入】实验室利用氯化铵和消石灰制备氨气，请同学们思考一下，氯化铵具有什么样的性质？总结铵盐具有的性质。

生：氯化铵是由铵根离子和氯离子形成的可以溶于水的盐，受热分解为氨气和氯化氢气体。铵盐是由铵根离子和酸根离子构成的化合物，都是晶体，都易溶于水。铵盐受热一般都会放出氨气，但并不是所有的铵盐加热都会产生氨气。例如：$2NH_4NO_3 \xlongequal{\triangle} 2N_2\uparrow + O_2\uparrow + 4H_2O$。铵盐与碱共热都能产生氨气：$NH_4^+ + OH^- \xlongequal{\triangle} NH_3\uparrow + H_2O$。

【拓展问题1】铵盐受热会分解，那实验室制备氨气时能不能直接加热分解氯化铵制备氨气？

生：不能。虽然氯化铵受热会分解，但在试管口温度较低，生成的氨气和氯化氢气体会再次化合生成氯化铵，不仅不能持续生成氨气，生成的氯化铵还可能将导管堵塞。

【拓展问题2】铵盐和碱混合加热都会产生氨气，那么为何不用氢氧化钠与氯化铵制备氨气？

生：氢氧化钠和氯化铵混合加热可以产生氨气，但是固态氢氧化钠对玻璃具有腐蚀性，所以利用消石灰进行反应。如检验溶液中的 NH_4^+ 则可以加入氢氧化钠溶液加热，发生反应 $NH_4^+ + OH^- \xlongequal{\triangle} NH_3\uparrow + H_2O$。

【拓展问题3】既然铵盐与碱加热都可以生产氨气，那是否可以利用其他铵盐进行制备氨气的实验，例如硝酸铵、硫酸铵、碳酸铵等？

生：硝酸铵受热易分解，但同时也有爆炸的危险，存在实验安全隐患；硫酸铵受热分解后生成硫酸，硫酸与氢氧化钙会生产硫酸钙，硫酸钙是块状物质，不利于氨气逸出且反应后试管难清洗；碳酸铵或碳酸氢铵受热后还会生成二氧化碳，使得最终得到的氨气不纯净。所以实验室制备氨气的实验一般选用氯化铵。

【拓展问题4】根据铵盐的性质，你认为存储铵盐时应该注意哪些问题？

生：铵盐要密封放在阴凉通风处保存。

【拓展问题5】铵盐有哪些用途？在使用铵盐的过程中需要注意哪些问题？

生：铵盐在工农业中有着重要的用途，例如硝酸铵和硫酸铵被大量用作肥料；硝酸铵还是制作炸药的原料；氯化铵是制造干电池的原料，同时还可以用来清除金属表面的金属氧化物。当作为肥料使用时铵盐不能与草木灰等碱性肥料一起使用，防止发生双水解。

【情境再现】请同学们总结用氯化铵和消石灰制备氨气的实验中需要注意的问题。

生：本实验是固体+固体加热的实验，由于氨气极易溶于水，所以整个装置必须是干燥的，氨气的收集是利用向下排空气法，收集氨气的试管口加上棉花是为了减弱空气的对流，在棉花上蘸少量稀硫酸可以吸收多余的氨气，防止氨气扩散至空气中。

【设计意图】用氨气的实验室制备为主线，探讨实验的原理以及选择这种试剂的原因。学生在学习的过程中不再是机械记忆，还投入到选用这种试剂原因的思考中，学习过程中有了代入感。教学过程不仅是带领学生学，还探索为什么要这样学。

【教学环节四】教学引入：氨气具有还原性，发生催化氧化反应后生成一氧化氮，是制备硝酸的重要步骤。硝酸是工农业生产中重要的原料，请同学们观看铜与硝酸反应的视频回忆硝酸的化学性质。

【视频播放】观看微视频浓、稀硝酸与铜的反应，了解铜与浓、稀硝酸反应的方程式和反应过程。

师：铜的金属活泼性较差，不能与酸反应置换出氢气。铜能与硝酸发生反应是因为硝酸具有强氧化性。硝酸能与除Au、Pt等少数金属外的几乎所有金属发生反应，生成物中没有氢气产生。硝酸还能与非金属或具有还原性的物质发生反应，请同学们写出相关反应的离子方程式。

生：书写相关方程式。

例：$C + 4HNO_3(浓) \xlongequal{\triangle} CO_2\uparrow + 4NO_2\uparrow + 2H_2O$

$3Fe^{2+} + 4H^+ + NO_3^- \xlongequal{} 3Fe^{3+} + NO\uparrow + 2H_2O$

$3SO_3^{2-} + 2H^+ + 2NO_3^- \xlongequal{} 3SO_4^{2-} + 2NO\uparrow + H_2O$ 等相关离子方程式。

师：常温时，浓硝酸遇铁、铝会发生反应，在金属表面形成一层致密氧化膜，称为“钝化”。如果将紫色石蕊试剂加入浓硝酸会有什么现象？

生：浓硝酸具有酸性，能使紫色石蕊变红；同时浓硝酸还具有强氧化性，使得试剂褪色。

【观看视频】酸雨的种类以及如何防治酸雨的形成。

师：酸雨主要分为硫酸型酸雨和硝酸型酸雨，我国以前主要以硫酸型酸雨为主，近年来工业和汽车业的发展，氮氧化合物排放量剧增，我国部分地区已出现硝酸型酸雨。氮氧化合物的大量排放还可能造成光化学烟雾污染。减少氮氧化合物的排放可采用低氮燃烧、烟气脱硝、机动车尾气催化氧化等方法。

【设计意图】硝酸的性质主要集中于硝酸的强氧化性，通过实验视频对该部分知识点进行直观再认知。相关离子方程式的书写帮助学生了解硝酸发生氧化还原反应的本质原因。

【教学环节五】本节课知识点小结：

- 氨
  - 物理性质
  - 化学性质
    - 与水反应
    - 与酸反应
    - 与碱反应
    - 与 O_2 反应
  - 氨气的实验室制法
    - 原理：碱石灰与氯化铵加热反应
    - 装置：固体和固体加热生成气体
    - 干燥：碱石灰
    - 收集：向下排空气法
    - 验满：湿润的红色石蕊试纸或蘸有浓盐酸的玻璃棒

- 硝酸
  - 物理性质
  - 化学性质
    - 具有酸的通性
    - 具有强氧化性
      - 与金属反应生成 NO、NO_2
      - 与非金属反应：如 C
      - 常温下与 Fe、Al 钝化

图 7.1

生：尝试画出本节课相关知识点之间的思维导图。

【设计意图】教学小结过程是知识点的再现过程，让学生自己尝试着做思维导图有利于形成化学学科的知识体系。

教学反思

1. 教学设计方面的反思

氮及其化合物是元素及其化合物中的重难点，高考中常以选择题、填空题和计算的形式出现。由于高一阶段课时紧，学生在学习的过程中基础打的不够扎实，存在知识遗忘问题，且学生对知识的综合应用能力较差，例如在实验方面，不少学生只是机械记忆实验的流程，对于为什么要这样做，改变一种方案是否可行以及如何进行实验探究的能力较弱。所以在进行实验设计时就重点强化这方面的练习，并配以思维导图的形式帮助学生进行学习。

本节课是高三一轮复习课，一轮复习是对以往知识的回顾，但也不能只是局限于知识的再现，还需要对复习内容有更加深刻的理解。元素及其化合物部分需要记忆的部分多、知识点零碎，氮及其化合物部分内容涉及氨气的性质、铵盐的性质和硝酸的性质，氮的氧化物为上一章节内容，不作为本节课复习部分。

实验内容是学生学习的薄弱环节，本节课从喷泉实验入手分析氨气物理性质并分析氨水的成分，过渡到铵盐的形成，通过铵盐的性质再回溯至氨气实验室的制备过程，探讨氨气实验室制备的原理，在复习过程中不仅只是让学生机械重复以往知识，还要知其所以然。从元素化合价的角度验证氨气所具有的性质过渡至硝酸的工业制备方法，最后分析硝酸具有的化学性质，培养学生思考问题的深度以及理解实验进行的原理。

2. 教学过程中存在的不足

通过课后与同行和学生之间进行交流，本节课还存在很多不足。首先，因为知识点较多，所以课堂上留给学生思考的时间比较少，有些时候就直接替代学生回答问题，使得学生思考的深度不够。其次，本节课在知识体系的形成和知识网络的建立方面还有待加强，在课堂设计时如果能够就一个问题讲深、讲透可能比全面覆盖来得更好，还有同行建议让学生通过已掌握的知识自己设计一个新的实验，更有利于培养学生发散性思维。最后，思维导图能帮助学生更好把控本节课的相关知识，如果能将思维导图再精细化，做到全面覆盖对学生的记忆更加有利，还有老师建议可以在授课的过程中一步步画出思维导图，让学生认识思维导图形成的由来，在以后的学习过程中让学生尝试自己提出对思维导图的构想，不要千人一面，而是形成个性化知识体系。

高三阶段是学生学习的黄金时间，如何提高复习效率是教学过程中的最大问题。一轮复习内容多、任务重，但教师和学生此过程中会出现低效重复和倦怠情况，这就需要教师改进教学方法、改变教学思路，从培养学生核心素养的角度去上课，同时也进一步提高自己的业务水平。

同行评价

本节课作为高三复习课，以实验为基础，体现了实验在化学学习中的突出地位，培养了“证据推理与模型认知”的核心素养。对课本原有实验细致、深入地讲授，学生在不同情境下思考问题，对知识的理解不再是僵化的记忆，培养“科学探究与创新意识”的核心素养。最后以思维导图作为课堂小结，让知识点之间的联系更加紧密。

教学建议：本节课在举例方面局限于课本，如果能脱离课本联系高考，会让学生对高考的理解更加深刻。本节课的设计可以从多个角度出发，例如以氧化还原为主线。思维导图是教师在最后直接画给学生的，也可以尝试着在授课之时同步画出思维导图，或者让学生自己形成适合自己个人记忆特点的思维导图，使得学习具有多样性。

专家评价

王慧（兴化市教育局教研室，中学高级教师）

教学过程中核心素养的培养应当贯彻于始终，教育过程中最重要的就是“培养什么样的人”。高三一轮复习不仅是知识的梳理，还是对“教什么、怎么教。学什么、如何学”的认识。没有特定情境的教学，核心素养得不到真实的体现成为无本之木，这种情境应当贯彻教学过程的始终，引导学生不断深入探究，建构相关知识体系。

本节课教学设计目标明确、内容充实，运用实验法、讲授法等多种教学方法，教学设计体现了教师很好的教学素养。建议：1. 课题可以改为氮的化合物，题目语言要精练、针对性强。将氨在化学史中的发展作为穿插，结合氨化合物的性质讲解体现学科核心素养阐释要落脚于具体教学过程和教学方法。2. 核心素养包含了对学生很多方面能力的培养，一节课的时间并不能解决所有问题，需要寻找能力培养的重点。例如在本节课中突出物质结构与性质模块和化学反应原理模块中有关概念和原理，以结构、性质、用途和制备为主线，形成更加完整的知识网络。3. 使用价类图等具有化学学科特征的思维导图，凸显物质类别和氧化还原反应原理，发展学生学科理解能力。教学手段例如价类图、思维导图等，更直观、更方便的让学生了解知识的框架，但不能脱离教学实际而牵强附会。同样核心素养的培养也不是刻意去完成，而是“随风潜入夜，润物细无声”，坚决不能脱离教学实际，更不能泛泛而谈。

课例 19　智慧之旅——铝及其化合物

朱成立(徐州市铜山中学)

一、教学内容分析

1. 教材分析

铝及其化合物是高中化学中重要的元素化合物之一，主要包括铝单质及其化合物的主要用途、主要物理性质以及铝、氧化铝、氢氧化铝分别与酸、碱等物质的反应等，其中铝、氧化铝、氢氧化铝的性质和用途是重点内容，有关的化学反应方程式及离子方程式的书写既是重点也是难点。另外由于铝单质及其化合物能溶于氢氧化钠等强碱溶液，且铝与氧化铁发生铝热反应，故在习题编制上往往融在一起进行命题，这也是复习中要注意的重点内容之一。从铝土矿中提取铝涉及到的理论知识比较多，可以顺便复习离子反应及有关氧化还原反应等理论知识。

2. 学情分析

在复习该部分内容之前，学生已经具备元素化合物学习与复习的方法，具备构建知识网络的能力，基本上能绘制出铝及其化合物转化关系图，也有了一定的理论基础，同时也具备一定的实验分析能力，因此在复习过程中依据学生特点，突出学生的实践活动，以实验为基础，以理论为指导，让学生的眼（观察实验现象），手（动手实验），口（动口议论），脑（动脑思考）处于多功能协同动作的状态，以期能牢固掌握知识，启迪思维，培养能力。

二、教学目标

1. 了解铝及其重要化合物的主要用途、主要物理性质。
2. 了解铝与氧气的反应，铝、氧化铝、氢氧化铝分别与酸、碱等物质的反应。
3. 体会物质变化的一般规律及学习元素化合物的一般方法。

三、教学重难点

教学重点：铝、氧化铝、氢氧化铝的性质和用途。

教学难点：铝、氧化铝、氢氧化铝与碱的反应。

四、教学方法

对话教学法、讨论法、实验法。

复习策略：暗线：结构→性质→存在、制法、用途等；明线：元素的单质及其化合物的转化关系。

五、实验仪器与药品

酒精灯、坩埚钳、中号试管若干、胶头滴管、1 mol·L^{-1} $Al_2(SO)_3$ 溶液、3 mol·

L^{-1} NaOH 溶液、3 mol·L^{-1} $NH_3 \cdot H_2O$ 溶液。

六、教学过程

活动一：看图说话

师：学习是一场愉快的旅行，也是一次智慧之旅，相信今天的旅行，因有大家的参与将更加愉快而充满智慧，首先请看此行的目的。（投影学习目标）

生：朗读学习目标。

师：（投影）这是今天的旅行线路图，请观察并回忆相关知识点。

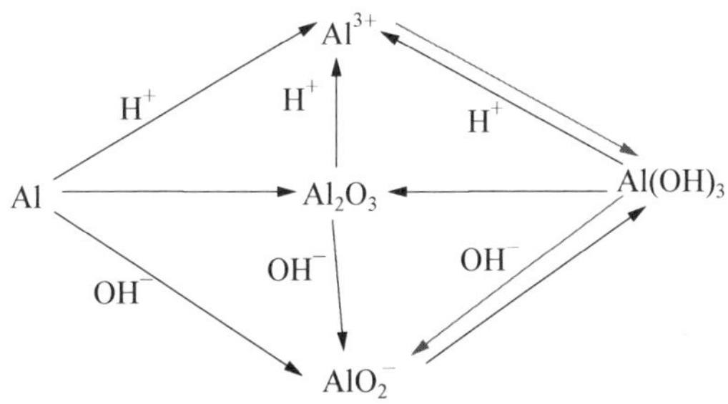

图 7.2

生：观察、思考。

师：凡是元素化合物知识都有类似的转化关系图，这也是元素化合物知识的主线之一，先思考如何用化学反应方程式表示其转化关系，写出有关的化学反应方程式和离子方程式。

生：书写方程式并在小组内交流，其中两名同学板演展示。

师：巡回查看学生书写情况，不时予以点拨。针对学生板书情况予以点评并总结离子方程式书写技巧与注意事项。

师：化学知识无处不在，请思考下列事实所蕴含的化学反应原理能否在上图找到并解释。

投影：1. 铝在空气中不像铁那样容易被腐蚀。

2. 不能用强酸性或强碱性洗涤剂来洗涤铝制品。

3. 常温下可以用铝制容器储存和运输浓硫酸。

4. 明矾可用作净水剂。

5. 胃舒平(又名复方氢氧化铝)可用于治疗胃酸过多。

6. 工业上利用铝热反应来焊接铁轨。

7. 工业上从铝土矿中提取铝。

生:观察、思考。

生1:铝在空气中不像铁那样容易被腐蚀,因为铝比较活泼,表面易被氧气氧化生成致密的氧化膜。

生2:不能用强酸性或强碱性洗涤剂来洗涤铝制品,因为铝、氧化铝既能与酸反应,又能与碱反应,易被腐蚀。

生3:在常温下,铝遇浓硝酸、浓硫酸时会在表面生成致密的氧化膜而发生钝化,从而阻止内部金属继续反应,因此可以用铝制容器储存和运输浓硫酸。

生4:明矾溶于水后电离出来的铝离子与水反应生成氢氧化铝胶体,氢氧化铝胶体有很强的吸附能力,它能凝聚水中的悬浮物并使之沉降,从而达到净水目的,因此明矾可用作净水剂。

生5:胃舒平中的氢氧化铝与胃酸发生中和反应,所以可用于治疗胃酸过多。

生6:在焊接铁轨时,铝粉与氧化铁混合物点燃放出大量的热,使置换出来的铁处于熔融状态并流入铁轨的缝隙,冷却后能将铁轨牢牢地黏结在一起,所以工业上利用铝热反应来焊接铁轨。

生7:工业上从铝土矿中提取铝,首先用碱液溶解铝土矿并过滤,向滤液中通入足量 CO_2 再过滤得到沉淀氢氧化铝,在高温下灼烧氢氧化铝生成氧化铝,电解氧化铝即制备了铝。

师:从前面的复习中我们知道铝制品有一定的抗腐蚀能力,因为表面有致密的氧化膜,但是这层氧化膜并非是它们的防弹衣,在一定条件下(酸和碱环境中)也会被腐蚀(出示两只易拉罐,其中一只被碱液腐蚀过)。

生:观察、思考。

师:有人说这个膜(环氧乙酯)是氧化膜,对吗?为什么?

生8:不对,氧化膜也能和碱溶液反应。

师：资料表明这是一层有机膜，有一定的保护作用，防止酸碱腐蚀，鉴于此我们应正确使用铝制品。

师：(出示一铝片)这上面有氧化膜吗？如何设计实验证明呢？请大家根据已有知识相互交流讨论。

生：思考并交流、讨论。

生 9：取铝片置于盛有碱液或酸液的试管中，开始没有气泡，一会之后就出现气泡，说明表面有氧化膜。因为氧化膜能与酸或碱反应，但不产生气体，铝能反应且产生气体。

师：回答非常好，还有没有其他方法呢？我提供一组数据，看看对同学们有无帮助？

熔点大小：铝 660.4℃、氧化铝 2 054℃。

此时同学们在认识上产生了很大的分歧，有的同学认为加热可以(熔点大小)，有的认为不可以(酒精灯温度不够)，教师引导启发说出各自理由，并引导加热后会出现什么现象。然后由同学猜测，接着开始实验。

生：做实验、观察(当看到铝片在酒精灯外焰上垂垂欲滴时，教室内一片哗然)。

师：现象是什么？能否得出结论？

生 10："熔而不滴"，能得出结论。表层的氧化铝熔点高，里面的铝融化但是有氧化膜包裹着，滴不下来。

(特别提出：有的同学解释是这样的，由于铝的熔点远低于氧化铝的，所以当铝熔化时氧化铝没达到熔点，它将融化的铝包在氧化膜里面啦！非常形象)

【设计意图】通过设计一系列源于生活的问题驱动，引发师生、生生对话，增大思考的容量。一方面帮助学生进一步认识、理解铝及其化合物重要知识点及其主要用途，激发学生有根据、有条理、有深度的思维，初步形成发现问题、解决问题的能力；另一方面通过上述一系列活动，学生对于铝及其化合物的核心知识(铝及其化合物的两性)有了较为全面的认识和理解，形成较为完整的知识网络，为后续问题处理打下良好的基础。

活动二：实验探究

投影：要使硫酸铝溶液中的 Al^{3+} 完全转化为 $Al(OH)_3$ 沉淀，应选用的最佳试剂是(　　)。

A. NaOH 溶液　　B. 稀盐酸　　C. 氨水　　D. $AgNO_3$ 溶液

生：选 C。

生：思考、交流、实验验证。

生 11：实验室可以通过向含有铝离子的溶液中加入碱溶液来制备，由于氢氧化铝能溶于过量的强碱溶液而不溶于氨水，题目要求完全转化且要最佳试剂，所以选 C。

师：如何进行实验验证你的判断？需要哪些试剂？现象如何？

生：思考实验所需要的试剂及实验步骤。

师：依据供选试剂 $1\ mol \cdot L^{-1}\ Al_2(SO)_3$ 溶液、$3\ mol \cdot L^{-1}$ NaOH 溶液、$3\ mol \cdot L^{-1}\ NH_3 \cdot H_2O$ 溶液，设计并完成相关验证试验。

生：完成实验，相互解释实验现象。

师：若向硫酸铝溶液中逐滴加入氢氧化钠溶液至过量，有何现象？书写有关化学反应方程式和离子方程式。

生 12：先生成白色絮状沉淀，而后沉淀消失(板书方程式)。

师：若再向此试管中加入硫酸铝溶液有何现象？

生：又产生白色絮状沉淀(实验)。

师：推测沉淀是什么？说说推测理由。

生 13：沉淀是氢氧化铝，因为原溶液中有偏铝酸根离子，与再加入的铝离子反应生成氢氧化铝(也有同学说前者带负电荷后者带正电荷，推测可能生成电中性的氢氧化铝)。

师：同学们推测很准确，如何书写有关的离子方程式？

生：$Al^{3+} + 3AlO_2^- + 6H_2O = 4Al(OH)_3$(不少同学能根据电荷守恒、原子守恒完成配平，很好！)

【设计意图】通过实验设计与操作进行多向对话，一方面帮助学生充分理解铝离子、偏铝酸根离子及氢氧化铝之间的三角转化关系，引导学生注意思考的方向，感受这块问题的处理，确定思考方向。无论是在计算、推断还是实验现象的分析中只要紧紧抓住铝三角的转化关系就会事半功倍，另一方面通过实验、分析、表达，让思维在交往与互动中碰撞而产生火花，使多元对话走进一定的深广度，进而增强思维的灵活性和广阔性。

活动三：真题再现

师：要仅仅抓住铝及其化合物的两性，特别是能与碱反应。该性质在无机推断题中可作为一个重要的突破口。请思考：（投影）

下图是一些常见的单质、化合物之间的转化关系图，有些反应中的部分物质被略去。常温常压下，A 为无色有毒气体，B 为红棕色粉末，C、E 为金属单质。反应①②均为工业上的重要反应。

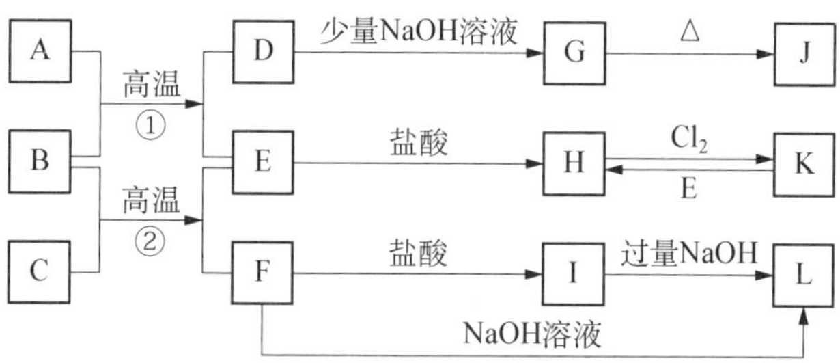

图 7.3

请回答下列问题：

(1) D 的电子式为________________。

(2) K 的化学式为________________。

(3) 写出 B 与 C 高温反应生成 E 和 F 的化学方程式：________________。

(4) 写出 D 与 J 的稀溶液反应生成 G 的离子方程式：________________。

师：思考交流，归纳总结推断题的解题策略。

生 14：寻找突破口，逐步推断并加以猜测验证。

师：（小结）此类题目的解题关键是寻找突破口，突破口就是一个“特”：特殊颜色、特殊性质、特殊条件、特殊转化关系等，请再次回到上图，对应找出突破口。

生：对照图分别找“特”，相互交流。

生15：特殊颜色：B为红棕色粉末；特殊性质：F既能与盐酸又能与氢氧化钠溶液反应；特殊条件：B＋C$\longrightarrow$E＋F(高温)；特殊转化关系：H$\rightarrow$K(相互转化)等。

【设计意图】不能学以致用的学习不是真学习。通过对元素化合物知识的学习与应用，一方面帮助学生明确元素化合物有两条主线贯穿其中，一条是明线即元素的单质及其化合物的转化关系，另一条是暗线即物质的结构决定性质、性质决定存在、制法、用途等，暗线蕴含在明线之中；另一方面培养学生把握思考的着力点，将元素化合物的固有特点与题干中关键信息相联系，综合运用相关知识解决问题，在多元对话中养成多看、多思考的良好习惯，转识成智，真正做一个有智慧的人。

课堂训练：(先看、想、写，再交流)

1. 判断正误。

A. (2017－16)常温下，铝片能溶于浓硫酸(　　)

B. (2011－12)铝与稀盐酸反应的离子方程式 $Al + 2H^+ = Al^{3+} + H_2\uparrow$ (　　)

C. (2012－16)氢氧化铝与盐酸反应的离子方程式：$H^+ + OH^- = H_2O$ (　　)

D. (2017－17)铝片与 NaOH 溶液反应的离子方程式：$Al + OH^- + H_2O = AlO_2^- + H_2\uparrow$ (　　)

2. (2010－15)在溶液中能大量共存的离子组是(　　)。

A. Al^{3+}、Cl^-、Ca^{2+}　　B. Mg^{2+}、SO_4^{2-}、OH^-

C. Na^+、SO_3^{2-}、H^+　　D. Fe^{3+}、SCN^-、K^+

3. (2012－11)高铁的快速发展方便了人们的出行。工业上利用铝热反应焊接钢轨间的缝隙，反应方程式如下：$2Al + Fe_2O_3 \xlongequal{高温} 2Fe + Al_2O_3$，其中 Fe_2O_3 是(　　)。

A. 氧化剂　　B. 还原剂

C. 既是氧化剂又是还原剂　　D. 既不是氧化剂又不是还原剂

4. (2016－9)下列常见物质的俗名与化学式对应正确的是(　　)。

A. 烧碱—NaOH　　B. 小苏打—Na_2SO_4

C. 熟石灰—$CaCl_2$　　D. 明矾—$Al_2(SO_4)_3$

5. (2010－24)③天然水中杂质较多，常需加入明矾、ClO_2 等物质处理后才能饮用。加入 ClO_2 的作用是＿＿＿＿＿＿；加入明矾后，Al^{3+} 水解的离子方程式是＿＿＿＿＿＿＿＿。

【设计意图】通过近几年学业水平测试真题再现，让学生感受学业水平测试“考什么”“怎么考”，针对知识与能力这一块精心检测反馈，做到学以致用、反思提升。

【课堂小结】

旅(铝)途(图)回顾

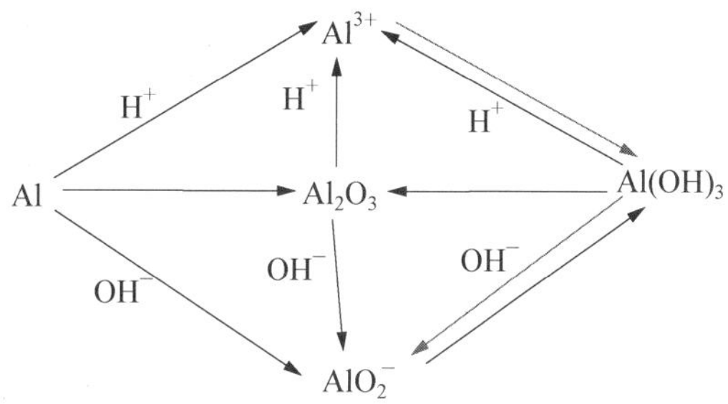

图 7.4

教学反思

铝及其化合物是高中化学中重要的元素化合物之一，从前面学习的过程来看，铝、氧化铝、氢氧化铝的性质和用途是重点内容，有关反应的化学方程式及离子方程式的书写既是重点也是难点，另外该专题知识还涉及到离子反应及氧化还原反应等理论知识。由于之前学生已经具备元素化合物学习与复习的方法，具备构建知识网络的能力，基本上能绘制出铝及其化合物转化关系图，所以我将整个复习过程分为四个活动环节。活动　是“看图说话”，目的是通过知识网络图加深模型认知，巩固复习已有知识，学以致用，体会物质性质与用途的关系。活动二是“实验探究”，通过实验设计与操作进行多向对话，充分理解铝离子、偏铝酸根离子及氢氧化铝之间的三角转化关系，通过实验、分析、表达，让思维在交往与互动中碰撞而产生火花，进而增强思维的灵活性和广阔性。活动三是“真题再现”，目的是运用所学知识解决相关问题，帮助学生明确考什么、怎么考，从而提高应试能力与技巧。当然对于本节课的教学设计与实施还有一些值得改进与提升的环节，如在实验方面还可以放手让学生去设计一些探究性或验证性试验;在选题上还可以再增加一点难度和综合性;在学生的交流讨论中还可以再多给点时间,让思考再充分些等。

同行评价

本节课根据教材特点及学生现有知识水平,联系学测要求,有针对性地设计问题,以问题引领学习过程,如将生产、生活中有关铝及其化合物的使用及注意事项编制成一系列问题,学生带着问题回顾知识,再结合知识网络图,复习效果很显著。

教学过程中能充分利用预设和生成的话题引导学生开展深度对话,在时空上让不同层面的学生充分展开交流,抒发不同意见或见解。如学生对于能否用加热的方法来判断铝表面是否有氧化膜意见不一,教师抓住这个生成话题,及时引导并补充验证性实验,纠正学生错误思想。

教学建议:铝离子和偏铝酸根相互反应生成氢氧化铝这个方程式的推测,可以在小组讨论到一定程度时,由小组推选代表总结发言,然后再扩充到组与组之间的争论,或者是让某个小组接受全班同学的提问,这样就更能调动学生们的积极性,让思维充分交流碰撞。

专家评价

李忠元(徐州市铜山区教研室,中小学高级教师)

教学主线设计清晰,目标达成度高。本节课根据学生的认知特点及学测考纲要求进行精心设计,主线清晰,形式新颖,重点突出,学生活动充分,目标达成度高。比如朱成立老师把本节课的学习设计成两条主线,明线是元素的单质及其化合物的转化关系,暗线是物质的结构决定性质、性质决定用途,暗线蕴含在明线之中。

重视知识的条理化、系统化和网络化。铝及其化合物之间的相互转化关系、性质和用途是本节课复习的重点,有关反应的化学方程式及离子方程式的书写既是重点也是难点。朱老师将铝及其化合物之间的相互转化关系设计成知识网络图,通过“看图说话”复习相关知识,加深对构建知识网络图的模型认知,体会物质性质与用途的关系。

重视化学实验,培养学生的探究能力。通过实验设计与操作进行多向对话,让学生充分理解铝离子、偏铝酸根离子及氢氧化铝之间的三角转化关系。通过实验、分析和表达，让思维在交往与互动中碰撞而产生火花，进而增强思维的灵活性和广阔性。

教学建议：在实验方面放手让学生设计一些探究性或验证性试验；在选题上再增加一点难度和综合性；在学生的交流讨论中再多给点时间，让思考再充分些。

课例 20　铁的冶炼拓展应用

许大雨(江苏师范大学附属实验学校)

一、教学内容分析

1. 教材分析

铁的冶炼是沪教版初中化学教材第五章第二节《金属和金属矿物》的内容。铁的冶炼是学生第一次接触到金属的冶炼，尤其是实验室模拟炼铁的装置图，学好这部分内容，对其他金属的冶炼原理和方法起到很好的示范作用。化学是一门以实验为基础的学科，在教学中创设以实验为主的科学探究活动，有利于激发学生对科学的兴趣，引导学生从化学的角度初步认识物质世界，提高学生运用化学知识和科学方法分析、解决简单问题的能力，为学生的发展奠定必要的基础。仔细分析实验室铁的冶炼装置图，可以开展很多的探究和学习，如探究燃烧的条件、探究物质的组成元素等等。利用实验室模拟炼铁的装置图，引导学生开展探究性学习，打开学生探究的思路，拓展学生的视野，让学生在探究中学习、在探究中进步、在探究中学会合作交流也是本节课设计的意图。

2. 学情分析

本节知识是在学生学习常见物质(氧气、二氧化碳、水、金属等物质)的性质及用途基础上，对铁矿石的冶炼进行系统的复习。通过氧气性质、二氧化碳性质、水的性质和金属的性质等实验的探究，学生已经具备了一定的实验设计和评价的能力，通过小组合作交流与讨论等方法，熟悉实验室模拟炼铁的实验装置，改进和探究该实验装置，知道这套装置不仅可以用于铁的冶炼，我们也可以利用它探究物质燃烧的条件、探究物质的组成元素等等，开阔学生的视野，丰富学生的知识，对学生的探究能力和创新意识的培养起到很好的作用。

二、教学与评价目标

1. 进一步巩固工业炼铁的化学原理,学会实验室模拟炼铁装置的拓展应用。

2. 认识科学探究是进行科学解释和发现、创造和应用的科学实践活动,能发现和提出有价值的问题,在探究中学会合作,面对异常现象敢于提出自己的见解。

3. 能根据实验室模拟炼铁的装置图开展研究性学习,提高实验方案的设计能力。

三、教学重难点

根据实验室模拟炼铁实验装置开展研究性学习,设计有关的实验方案。

四、教学方法

实验演示法、小组合作学习法、讲授法等。

五、实验仪器和药品

实验室模拟炼铁的实验装置、试管、酒精喷灯、铁架台、集气瓶、双孔橡皮塞、气球、氧化铁、木炭、氧气、氮气、澄清石灰水、蔗糖等。

六、教学过程

环节一:明确学习目标

师:展示 PPT,全班同学齐读本节课的学习目标。

生:齐读本节课的学习目标。

(1) 进一步巩固工业炼铁的化学原理,学会实验室模拟炼铁装置的拓展应用。

(2) 认识科学探究是进行科学解释和发现、创造和应用的科学实践活动，能发现和提出有价值的问题，在探究中学会合作，面对异常现象敢于提出自己的见解。

(3) 能根据实验室模拟炼铁的装置图开展研究性学习，提高实验方案的设计能力。

环节二：甜蜜回忆，自主先学

师：展示PPT，实验室模拟炼铁的装置图(如图7.5)。

师：请同学们回忆实验室模拟炼铁的实验装置图，思考炼铁的原理、方法、注意事项等，完成学案上的内容一：甜蜜回忆，自主先学部分。

生：独立完成学案第一部分：自主先学部分，时间大约4 min。

师：选取一个学生的答案投影，全班共同评价。选一个学生到黑板板演化学方程式：实验室模拟炼铁的原理和澄清石灰水变浑浊的两个方程式。

[全体师生]根据同学的答案，分小组讨论，得出本小组内的评价，然后全班共同评价学生的答案，老师及时点拨和指导。

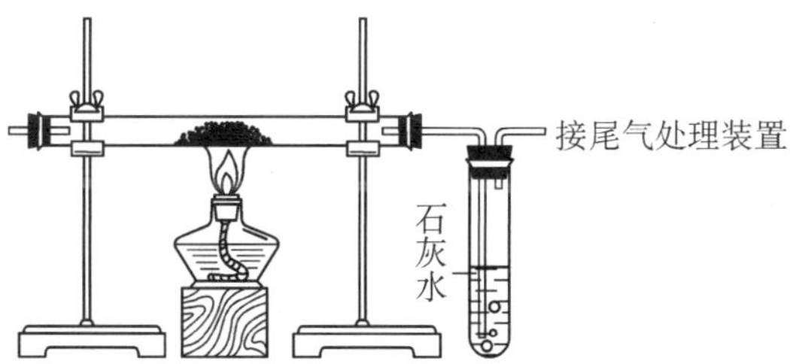

图7.5　实验室炼铁的装置图

环节三：实验装置的改进

师：徐州的马老师对教材中铁的冶炼实验装置图(如图7.6)进行了改进，请看老师的演示实验，并思考以下几个问题(同时PPT呈现)：

(1) 该实验中要不要再加装尾气处理装置？

(2) 盛满石灰水的试剂瓶起什么作用？

(3) 该装置为什么可以防止倒吸？集气瓶中的玻璃导管为什么一长一短？

(4) 图中试管起到什么作用?

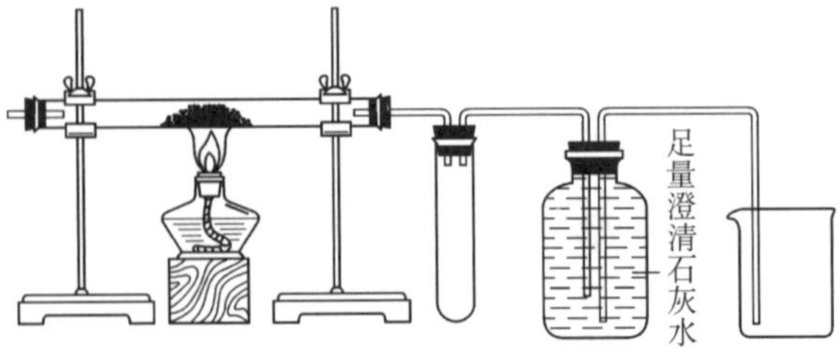

图 7.6　铁的冶炼实验装置改进图

生：学生先独立思考 3 min，有了初步的答案后，开展小组合作学习，分小组讨论老师提出的四个问题。

师：分别请四个小组回答问题，根据同学们的回答，全班同学评价，老师适时点拨。

生 1：该实验不要增添尾气处理装置，因为盛放足量澄清石灰水的试剂瓶可以储存一氧化碳气体。

生 2：澄清石灰水的试剂瓶可以储存一氧化碳气体，同时检验二氧化碳和吸收二氧化碳气体。

生 3：试管可以防止澄清石灰水倒吸，导管一长一短可以更好地吸收二氧化碳气体。

【过渡】看来，教科书上的实验装置图，也不一定是最完美的，为马老师的创新设计点赞。那么实验室模拟炼铁的装置图，能否帮助我们探究和学习其他知识呢?

环节四：铁的冶炼实验装置的拓展应用 1——探究物质燃烧的条件

师：实验室模拟炼铁的实验装置还能探究什么呢? 能否探究物质燃烧的条件呢? (同时 PPT 呈现)利用下面的实验装置能否探究物质燃烧的条件? (供选择的药品：木炭、氧气、氮气等。)请独立思考后同小组内开展合作学习，讨论交流后写出你们的实验方案(学生设计实验方案)。

生：根据老师提供的实验装置和相关药品，各小组开展合作学习、交流和讨论，得出小组内的最佳实验方案，并写在自己的学案上。

生：得出最佳实验方案：

(1) 先在玻璃管中放入木炭，通入氧气不加热，观察到木炭没有变化，澄清石灰水没有变浑浊。

(2) 接着通入氮气，同时加热，发现木炭也没有燃烧，澄清石灰水没有变化。

(3) 改通入氧气，同时加热，这时木炭燃烧，发出白光，同时澄清石灰水变浑浊。对比以上步骤，可以得出结论：燃烧需要可燃物达到着火点以上，同时和氧气接触。

师：老师根据同学得出的最佳实验方案，演示该实验。

(1) 连接仪器，检查气密性，装入木炭，只通入氧气。

(2) 改通入氮气，同时加热。

(3) 改通入氧气，同时加热。

生：观察实验并思考以下问题：

(1) 实验中看到什么现象？

(2) 实验中发生了哪些反应？写出反应的化学方程式。

师：实验完毕，请同学回答问题，根据学生的回答，老师适时点拨、评价。

生：木炭燃烧，发出白光。澄清石灰水变浑浊。

环节五：铁的冶炼实验装置的拓展应用 2：探究蔗糖的成分

师：实验室模拟炼铁的装置除了可以探究燃烧的条件，还能探究什么呢？请大家根据老师提供的实验药品，思考一下，能否探究出蔗糖的成分？(同时展示 PPT)

【PPT 呈现】蔗糖是生活中常见的一种物质，某兴趣小组对“蔗糖的组成”进行了探究。

方案一：小明将蔗糖放入上图的玻璃管中通入氧气点燃，检验生成物中有水和二氧化碳，得出结论“蔗糖是由碳、氢、氧三种元素组成的”你认为小明的方案是否合理？为什么？

生：学生围绕小明的实验方案开展小组合作学习。评价实验方案，得出结论，小明的实验方案不严密：没有排除氧气的干扰。

师：看来利用鉴别物质燃烧后的产物的方法探究物质的组成必须要考虑氧气的干扰，那如何排除氧气的干扰呢？老师引导学生仔细思考 PPT 上呈现的内容：原理——蔗糖在隔绝氧气的情况下，受热分解可以得到碳和水。

生：根据老师的提示，学生思考，设计合理的实验方案：探究庶糖的成分，并把最佳实验方案写在学案上。

生：要把蔗糖在没有氧气的情况下加热，检测蔗糖分解的产物，根据蔗糖分解的产物，确定蔗糖的成分。

生：检查装置气密性，在玻璃管中装入蔗糖，通入氮气，加热蔗糖，观察现象。根据玻璃管中产生的水珠和澄清石灰水变浑浊得出结论：蔗糖中一定含有碳、氢元素。可能含有氧元素。

环节六：课堂检测

师：同学们本节课学的怎么样？请看当堂检测（展示 PPT）。

生：阅读题目，独立思考：实验室中用一氧化碳还原纯净的 Fe_2O_3 粉末，反应后装置中玻璃管内固体粉末全部由红色变为黑色。小明同学认为该黑色固体全部是铁，但小军同学提出了质疑，于是同学们提出查阅资料，寻求真理。

【查阅资料】

(1) 一氧化碳还原 Fe_2O_3 的固体产物的成分与反应温度、时间有关，产物可能是 Fe_3O_4、FeO、Fe。

(2) 几种物质的性质：

表 7.1

性质	Fe	Fe_2O_3	FeO	Fe_3O_4
颜色	黑色	红色	黑色	黑色
磁铁吸引情况	能	不能	不能	能

(3) 已知反应：$Fe_3O_4 + 8HCl = FeCl_2 + 2FeCl_3 + 4H_2O$，$FeCl_3$ 溶液呈棕黄色。

【实验探究】

(1) 该小组同学将反应后的黑色固体研细后，用磁铁吸引，发现黑色粉末全部能被吸引，则该黑色粉末中不可能含有 Fe_2O_3 和________（填化学式）。

(2) 黑色固体粉末的成分是什么？

猜想Ⅰ：全部为 Fe；猜想Ⅱ：全部为 Fe_3O_4；猜想Ⅲ：________（填化学式）。

将黑色粉末加入到足量的稀盐酸中，全部溶解，观察现象：

(无色气体产生，证明该固体中一定含有________（填化学式）②溶液呈棕黄色。

由上述实验现象，得出上述猜想________正确。

【评价与反思】装置中澄清石灰水的作用是________；若撤出装置中点燃的酒精灯可能造成的后果是________________。

师：给学生留下 5 min 时间完成以上内容，然后让学生回答问题，老师适时点拨和评价。

生：回答以上问题。

环节七：师生课堂教学反思和小结

师：著名科学家爱因斯坦说过，学习后的总结有时比学习本身更重要，同学们通过今天的学习，有什么收获？还有什么困惑？

生：话收获、谈困惑。

师：一套简单的实验室模拟炼铁的实验装置不仅可以炼铁，还可以帮助我们探究物质燃烧的条件、物质的组成元素等，其实大家对装置进行改进、探究的过程就是学习的过程，希望同学们在今后的学习道路上可以勇于探索，在科学的道路上勇攀高峰。

七、板书设计

第五章复习课：铁的冶炼拓展应用

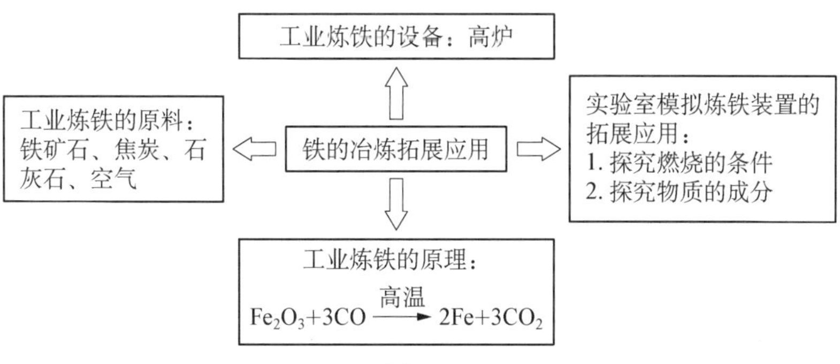

图 7.7

教学反思

本节课从复习实验室模拟炼铁的实验装置入手，先复习了炼铁的原理、步骤、原料等，接着教师对实验装置进行改进，让学生展开思考和讨论，并且评价实验装置的优点。进而深入地分析和探究实验室模拟炼铁的装置，通过学生的小组合作学习、老师的引导等让学生学会了探究物质燃烧的条件和蔗糖的成分。让学生在探究中学习，在合作中进步，在思考中提高。其实，探究的过程就是学生学习的过程、进步的过程。相信通过本节课的学习，学生对炼铁的实验装置有了更新的认识，对燃烧法探究物质的组成也有了更新的认识。学生的探究能力和实验方案的设计能力也有了一定程度提高。整节课，学生的小组合作学习贯穿始终，学生在合作中学会探究，同时也对实验探究和创新产生兴趣。

同伴评价

许老师的这节课以实验室模拟炼铁为明线和知识线，以实验方案的设计和创新能力的培养为暗线、为提高学生的能力线。整堂课的设计行云流水，让听课老师耳目一新。老师的引导作用、学生的主体地位在本节课表现的淋漓尽致。老师课堂语言风趣幽默，时而奋进、时而抑扬顿挫，板书设计新颖、言简意赅，给人以美的享受。学生活动充分，发言积极踊跃，课堂氛围民主和谐，充分体现了学生的主体地位。学生在合作中进步，在思考中提高，相信通过本节课的学习，学生对于铁的冶炼实验装置有了更新的认识，对于化学也有了更深的理解。

专家评价

梁青（贾汪区教师发展中心，中学高级教师）

在教学中，教师始终贯彻学生为本的思想，把促进全体学生的可持续发展和个性化发展作为出发点，把创新精神和实践能力的培养作为重点，学生以主人的身份参与到整个学习中去，教师不仅仅把知识带到学生面前，更是让学生自己去探究、合作发现问题、解决问题，从而提高了学习的效果，让学习真正的发生。

愉快、轻松的学习环境，激发了学生的探究欲望。教师创造了和谐、愉快的学习氛围，学生合作学习、小组交流展示等环节充分调动了学生学习的积极性。在许多问题的设计上，教师也颇下功夫，不仅让学生学会了知识，更注重了学生的思维的深入。

学生化学学科核心素养也有了一定的提升。学生不仅学会了铁的冶炼方法，更对保护环境和可持续发展有了更深的认识，初步领悟了化学为人类的生产、生活做出的巨大贡献，初步体会了化学的实用价值。

参考文献

[1] 王德胜. 化学方法论[M]. 杭州：浙江教育出版社，2007.
[2] 黑格尔. 历史哲学[M]. 北京：商务印书馆，1980.
[3] 修毅. 人的活动的哲学[M]. 北京：中国大百科全书出版社，1994.
[4] 苏霍姆林斯基. 给教师的建议[M]. 杜殿坤，译. 北京：教育科学出版社，1984.
[5] 王磊. 基于学生核心素养的化学学科能力研究[M]. 北京：北京师范大学出版社，2017.
[6] 蔡清田. 台湾十二年国民基本教育课程改革的核心素养[J]. 上海教育科研，2015(4)：5—9.
[7] 赵长林，孙海生，陈国华. 核心素养的结构和社会文化性分析[J]. 湖南师范大学教育科学学报，2016(5)：12—19.
[8] 吴俊明. 从化学素养说起——对"化学学科核心素养"与"学科核心素养"的思考[J]. 化学教学，2017(7)：3—8.
[9] 田达奎. 学科核心素养视角下高中化学教学策略[J]. 华夏教师，2018(13)：43—44.
[10] 吴星. 对高中化学核心素养的认识[J]. 化学教学，2017(5)：3—7.
[11] 李鹏鸽，夏志卿，龚文慧，等. 化学学科核心素养与三维目标的关系研究[J]. 教学研究，2018(3)：112—114.
[12] 钟启泉. 基于核心素养的课程发展：挑战与课题[J]. 全球教育展望，2016(1)：3—25.
[13] 陈佑清. "核心素养"研究：新意及意义何在？——基于与"素质教育"比较的分析[J]. 课程·教材·教法，2016(12)：3—8.
[14] 郑长龙，孙佳林. "素养为本"的化学课堂教学的设计与实施[J]. 课程·教材·教法，2018(4)：71—78.
[15] 朱雪梅. "多元交互式"教学评价体系的建构与实践——基于地理教学观察的行动研究[J]. 课程·教材·教法，2014(11)：63—68.
[16] 王烨晖，辛涛. 国际学生核心素养构建模式的启示[J]. 中小学管理，2015(9)：22—24.
[17] 相佃国. 元素化合物教学的定位与设计[J]. 化学教育，2015(5)：26—29.
[18] 莫秀庆，谭学才. 化学系列作业的优化设计与评价创新[J]. 教学与管理，2018(9)：65—68.
[19] 吴晗清，韩蓉. 中学化学概念教学的症结与策略探析——基于"电解质"概念教学的实证研究[J]. 化学教育，2019(3)：70—74.

[20] 中华人民共和国教育部制定. 普通高中化学课程标准[S]. 北京：人民教育出版社，2018.
[21] 王星乔，滕瑛巧，汪纪苗，包朝龙. 基于化学核心素养的教学设计——以“铁及其化合物的应用”为例[J]. 化学教学，2017(5)：51—55.
[22] 林美凤. 化学基本概念教学[J]. 中学化学教学参考，2010(5)：30—32.
[23] 王祖浩. 化学教育心理学[M]. 南宁：广西教育出版社，2007.
[24] 梁凌志，林海斌. 化学原理的学习模型构建[J]. 中学化学教学参考，2006(11)：23—25.
[25] 徐凯里. 建模思想在化学原理教学中的运用[J]. 化学教育，2018(17)：32—35.
[26] 王磊，郭晓丽，王澜，商晓芹，张俊华. 元素化合物认识模型及其在复习教学中的应用——以高中《化学 1》“金属元素及其化合物”单元复习为例[J]. 化学教育，2015(5)：15—21.
[27] 单世乾，倪娟. 基于探究实验建构认知模型的化学教学研究——以“原电池的工作原理”教学为例[J]. 化学教学，2018(12)：59—64.
[28] 徐伟，鹿钰锋. 基于数字化实验培养学生的核心素养——以“中和滴定”教学为例[J]. 科教导刊，2018(11)：141—143.
[29] 陈琛，姚如富，邵忠德，翟蒙. 数字化手持技术实验在高中化学课堂教学中的应用研究[J]. 化学教育，2015(1)：29—33.
[30] 杨玉琴，赵华. 核心素养视域下的初中化学专题复习课教学策略——以“我们周围的空气”复习课为例[J]. 化学教学，2018(6)：41—47.
[31] 孙成余. 初中化学复习教学设计的几点策略[J]. 中学化学教学参考，2012(11)：21—22.

图书在版编目(CIP)数据

基于学科核心素养的化学教学课例研究/刘翠编著. —上海:华东师范大学出版社,2019
(基于学科核心素养的教学课例研究)
ISBN 978-7-5675-9613-9

Ⅰ.①基… Ⅱ.①刘… Ⅲ.①中学化学课—教学研究 Ⅳ.①G633.82

中国版本图书馆 CIP 数据核字(2019)第 178623 号

基于学科核心素养的化学教学课例研究

编　　著　刘　翠
策划编辑　李文革
项目编辑　曹祖红
特约审读　徐晓明
责任校对　邱红穗
装帧设计　卢晓红

出版发行　华东师范大学出版社
社　　址　上海市中山北路 3663 号　邮编 200062
网　　址　www.ecnupress.com.cn
电　　话　021　60821666　行政传真 021-62572105
客服电话　021-62865537　门市(邮购)电话 021-62869887
地　　址　上海市中山北路 3663 号华东师范大学校内先锋路口
网　　店　http://hdsdcbs.tmall.com

印 刷 者　上海景条印刷有限公司
开　　本　787×1092　16 开
印　　张　13
字　　数　206 千字
版　　次　2019 年 11 月第 1 版
印　　次　2019 年 11 月第 1 次
书　　号　ISBN 978-7-5675-9613-9
定　　价　36.00 元

出 版 人　王　焰